Hubertus Ott

Philipp Martin Haug

100 Übungen für Westernreiter

Übungen für Fortgeschrittene

Band II

BUFFALO VERLAG

Hubertus Ott/Philipp Martin Haug

100 Übungen für Westernreiter – Band II
– Übungen für Fortgeschrittene

ISBN 978-3-9809141-9-2

© Buffalo Verlag

1. Auflage 2009
2. Auflage 2010
3. Auflage 2014
4. Auflage 2021

Redaktion: Ute Tietje
Lektorat: Prof. Dr. Günter Lehmann
Cover Layout: Nils Heise
Graphiken: Hubertus Ott

Inhaltsverzeichnis

Vorwort

Dieses Übungsbuch für Westernreiter hat zwei Jahre von der Idee bis zur Fertigstellung benötigt. Die Übungen sind aus der Praxis und für die Praxis entstanden.

Trotz aller Bemühungen die Aufgaben so anschaulich wie möglich zu beschreiben, wissen wir, dass das selbständige Training des eigenen Pferdes, den Reiter immer wieder in Situationen bringt, die ihn verunsichern. Er fragt sich, ob die auftauchenden Schwierigkeiten „normal" sind oder ob er seine Vorgehensweise und Methodik ändern muss.

In solchen Fällen empfehlen wir, den Ratschlag erfahrener Reiter und Trainer einzuholen und durch gezielten Reitunterricht oder notfalls Beritt die Probleme zu lösen.

Was wir mit Deutlichkeit sagen wollen: Es gibt im leistungsorientierten modernen Westerntraining keine Tricks und Tipps für den schnellen Erfolg.

Die entscheidenden Faktoren für den Erfolg sind:

Geduld – Disziplin – Selbstbeherrschung

sowie Pferdefachkenntnis, Kenntnis über die Trainingslehre und nicht zuletzt:

Das Bemühen, sein Pferd besser zu verstehen und sich ihm gegenüber verständlich zu verhalten!

Wir warnen davor, nach „Schema F" vorzugehen. Die hier vorgeschlagenen Übungen möchten wir als Vorschläge und Anregungen verstanden wissen, nicht als „Rezepte", denn jedes Pferd ist ein Individuum.

Wir wünschen allen Reitern und Ausbildern Erfolg im Training und Freude mit ihrem Pferd.

Hubertus Ott und Philipp Martin Haug

Ohne Gymnastik geht es nicht

Wir reden viel über die Gymnastizierung der Pferde, aber wie steht es mit der **Gymnastizierung der Reiter?** Gymnastik im Reitsport wird stiefmütterlich behandelt. Ist vielleicht Gymnastik im Westernreitsport überflüssig? Keineswegs! **Jede** Sportart hat ihre spezifische Gymnastik. Ein vernünftiger Mensch, der beabsichtigt, in den Ski-Urlaub zu fahren, macht sich schon vorher zu Hause mit Skigymnastik fit. Man weiß mittlerweile auch, dass es ausgesprochen gefährlich ist, mit dem Skilift auf den Gipfel zu fahren, die Ski anzuschnallen und kalt, wie man ist, die Piste hinunter zu fahren. Überlastungen, Zerrungen, Stürze mit üblen Folgen können das Resultat sein.

Die Reiter machen es sich einfach: Das Pferd wird gesattelt und aufgezäumt und man sitzt auf. Schon das Aufsitzen ist für manchen nicht so athletischen Erwachsenen eine sportliche Übung. Da wäre es gut, der Mensch würde seine Gelenke und seinen Kreislauf schon ein wenig aktivieren, bevor er aufsteigt.

Aus diesen Überlegungen heraus sind hier Übungen für den Reiter vorgeschlagen, die er leicht in Reitbekleidung vor dem Reiten ausführen kann. Dem folgen ein paar **Boden-Übungen mit dem Pferd** vor dem Reiten, um auch das Pferd zu lockern und es auf die Arbeit vorzubereiten und einzustimmen.

Der **Gymnastizierung des Pferdes** ist der dann folgende Abschnitt gewidmet. Die Ausbildung des Pferdes kann man als fortschreitende Gymnastizierung verstehen. Das bedeutet, die körperlichen Fähigkeiten zur Ausführung bestimmter Bewegungen werden gesteigert. Dies geht einher mit der mentalen Ausbildung des Pferdes, die Verhaltensänderungen bewirkt, die das Pferd zunehmend zum sportlichen Partner des Menschen macht.

Nur die systematische und trotzdem flexible Methodik in der Ausbildung schafft den gemeinsamen Fortschritt. Ein konsequenter, geduldiger und motivierender Umgang mit dem Pferd ist die Grundlage einer positiven mentalen Einstellung des Pferdes.

Die vorgeschlagenen Übungen zur Gymnastizierung des Pferdes sind nur ein kleiner Ausschnitt aus der Fülle von Übungen, die es gibt und die entwickelt werden können. Aus den Übungen ergeben sich **Voraussetzungen für die Ausführung von Lektionen.** Die Lektionen (wie zum Beispiel ein fliegender Galoppwechsel) sind also das Resultat der Gymnastizierung, sozusagen die Früchte der Arbeit.

Ein weit verbreiteter Irrtum besteht darin, Lektionen ständig zu wiederholen und zu hoffen, es würde sich entscheidendes verbessern. "Hakt" es in den Lektionen, so gibt es nur zwei Gründe dafür: Entweder sind die körperlichen Fähigkeiten des Pferdes noch nicht so weit entwickelt, wofür es natürlich auch gewisse Grenzen im Gebäude des Pferdes gibt oder das Pferd kann der Lektion mental nicht folgen. Es weiß nicht, was wir von ihm wollen, das heißt, wir haben uns reiterlich nicht klar ausgedrückt.

Es empfiehlt sich also im Falle einer unbefriedigenden Ausführung einer Lektion, darüber nachzudenken, wie man die Lektion in gymnastisch aufbauende Übungen zerlegen könnte.

Hier sind Anregungen dazu gegeben. Die Reihenfolge der Übungen entspricht dem Prinzip "vom Leichteren zum Schwereren".

Das sollte auch die Logik des Aufbaus einer Trainingseinheit (im Allgemeinen etwa 45 Minuten) sein.

Jede Trainingseinheit besteht aus Lösungs-, Arbeits- und Ruhephase. Wobei die eigentliche Arbeitsphase aus Folgen von Übungen bestehen soll, die wiederum von kleineren Ruhephasen abgewechselt werden.

Man sollte sich aus diesem Buch drei bis fünf Übungen, die in einem gymnastischen Zusammenhang stehen (z.B. die Hüfte verschieben) oder im Zusammenhang mit einer Lektion stehen (z.B. Spins) heraussuchen und diese in eine Trainingseinheit einbauen.

Wie das Leben so spielt, wird man das gar nicht so ausführen können wie geplant, weil einiges nicht so gut geht wie erhofft. Man „hängt bei einer Übung fest". Das erfordert Pausen und Wiederholungen und man muss von dem Plan abweichen. Obwohl Konsequenz ein wichtiger Faktor in der Pferdeausbildung ist, hat es manchmal keinen Zweck, auf einer Übung zu beharren und auf dem Pferd „herumzuhacken", weil Pferd und Reiter langsam genervt sind. Keine Schande, an dieser Stelle abzubrechen und die Übung bei der nächsten Trainingseinheit wieder aufzunehmen!

Man hat schon erstaunliche Fortschritte erlebt, nachdem ein Pferd eine Nacht „darüber nachdenken" konnte.

Nachdem im Abschnitt Gymnastizierung des Pferdes hauptsächlich im **Schritt**, **Trab** und **Jog** geritten wurde, lautet der nächste Abschnitt **Galopparbeit**. Galopp ist die attraktivste Gangart im Westernreiten und die anspruchsvollste.

Bevor Übungen und Lektionen, die in den anderen Gangarten schon ausgeführt wurden, nun im Galopp erarbeitet werden, ist zunächst wieder Lösung und Gymnastizierung erforderlich.

Von der Galopparbeit kommen wir zu den **fliegenden Galoppwechseln**, einem „Highlight" in der Pferdeausbildung. Es gibt eine Fülle von Ausbildungswegen, von denen hier nur zwei prinzipielle beschrieben werden. Die Wahl des Ausbildungsweges hängt sehr mit dem individuellen Pferd zusammen, aber auch mit der Erfahrung des Reiters bzw. des Ausbilders.

Es folgen Übungen für den **Stop**, ein Symbol für das Westernreiten schlechthin, denn vielfach werden hiermit Pferde, deren Ausbildung nicht seriös verlief, verdorben und geschädigt. Ergebnis einer guten Ausbildung zum Stoppen sollte sein, dass das Pferd **gut und gern** stoppt und gesund auf den Beinen bleibt.

Der nächste Abschnitt befasst sich mit **Turn-Arounds**. Das sind alle Wendungen aus dem Halten, also Hinter- und Vorhandwendungen, Spins und Roll-Backs. Besonders hier ist Gymnastik eine wichtige Voraussetzung. Am Beispiel der **Spins** lehrt die Erfahrung, dass es töricht ist, von einem Pferd zu verlangen, es solle sich möglichst schnell um seine eigene Achse drehen, wenn es nicht weiß, wo welcher Fuß hingehört.

Der letzte Abschnitt ist wieder der **Gymnastik der Reiter** gewidmet, und zwar nicht **vor**, sondern **anstatt** des Reitens. Grund dafür war, dass Reiten doch eine relativ einseitige Anforderung an den menschlichen Körper darstellt, die durch Ausgleichsgymnastik wesentlich unterstützt werden kann. Besonders in den Fällen, wo erwachsene Menschen sich dem Reiten zuwenden, aber keine anderen sportlichen Betätigungen ausüben, ist solche Gymnastik empfehlenswert. Sie hilft auch, an Tagen, an denen nicht geritten wird, fit zu bleiben.

Gymnastik vor dem Reiten

Arme hoch

Rumpf drehen 1

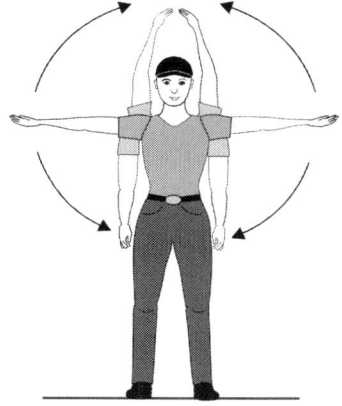

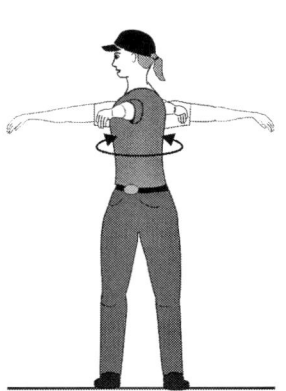

Stell dich gerade hin, die Beine etwas auseinander. Breite die Arme waagerecht aus, die Handflächen nach oben. Halte diese Position für einen Moment.
Hebe jetzt die Arme langsam hoch, bis die Fingerspitzen aneinander stoßen. Dreh die Handflächen nach außen und lass die Arme langsam sinken, bis sie herabhängen.

Stell dich wie eben hin. Breite die Arme waagerecht aus. Die Handflächen nach unten, lass die Finger herabhängen. Dreh jetzt den Oberkörper mit Kopf und Armen nach rechts, bis du hinter dich schaust. Dann dreh langsam zurück und weiter nach links bis zur Dehnungsgrenze. Achte darauf, dass die Füße ihren Standpunkt beibehalten.

Wenn du die Übung wiederholst, beim Heben der Arme einatmen und beim Senken ausatmen.

Rumpf drehen 2

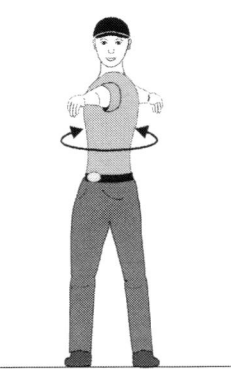

Wie die Übung zuvor. Aber dreh den Kopf nicht mit, sondern behalte ihn nach vorne schauend.

Schultern hochziehen

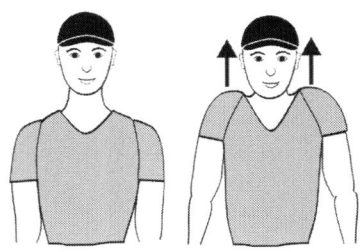

Stell dich gerade hin. Zieh die Schultern bis unter die Ohren hoch. Halte sie einen Moment so, dann lass sie wieder fallen.

Unterschenkel dehnen

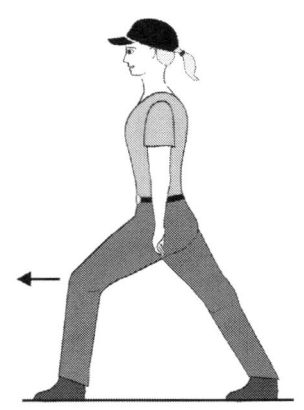

Geh aus dem Stand in eine Schrittstellung. Beuge das vordere Kniegelenk und lass das hintere Kniegelenk durchgedrückt. Bis zur Dehnungsgrenze beugen und diese Position für einen Moment halten. Dann stemm dich wieder in die Schrittstellung hoch.

Knie beugen

Beuge deine Knie und sinke langsam herab. Etwa auf der Hälfte der Strecke bis zur Hocke halte diese Position für einen Moment. Dann sinke weiter bis in die Hocke. Stemm dich anschließend wieder hoch. Lass immer die Fersen am Boden.

Rumpf beugen

Aus dem geraden Stand senke langsam den Oberkörper mit hängenden Armen. Lass die Kniegelenke ungebeugt. Senke den Oberkörper bis zur Dehnungsgrenze. Lass den Oberkörper einfach nur herunter hängen. Du sollst nicht federn oder gewaltsam versuchen, mit den Händen möglichst weit herunter zu kommen.

Hängebrücke

Nimm den Kopf nach oben und lass den Oberkörper möglichst weit nach unten durchhängen. Nimm den Kopf nach unten und mach einen Katzenbuckel.

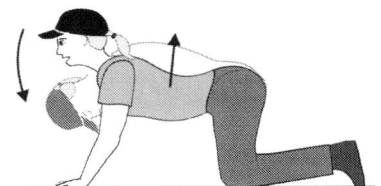

Bodenarbeit vor dem Reiten

Gurte beim Aufsatteln nur so viel an, dass der Sattel nicht herunterrutscht. Nach dem Führen im Schritt kannst du etwas nachgurten und erst am Ende der gesamten Bodenarbeit ziehst du den Gurt soweit an, dass du aufsteigen und reiten kannst.

Führen im Schritt

Führe dein Pferd zum Reitplatz und bewege es dort an der Hand, solange bis ihr ein paar hundert Meter gelaufen seid. Das klingt banal, aber es gibt deinem Pferd Gelegenheit, sich „einzulaufen" und schon etwas zu entspannen.

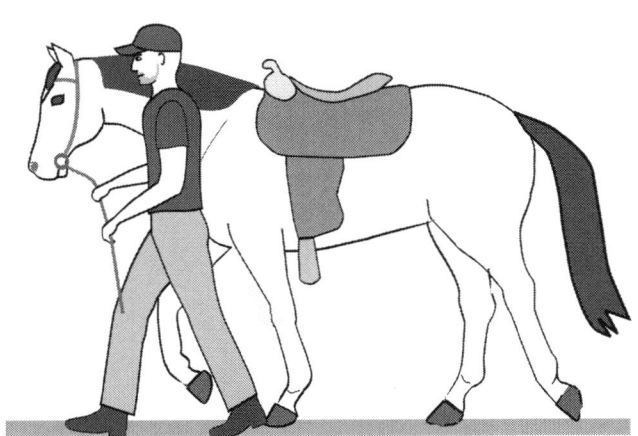

Führen im Jog

Führe dein Pferd auch im Jog. Das macht dein Pferd und dich munter und besonders im Winter macht es euch schon etwas warm.

Ab und zu stoppe dein Pferd mit deutlicher Körpersprache und Stimmhilfe (**Whooww**). Das macht dein Pferd aufmerksam und bereitet es auf die gemeinsame Arbeit vor.

Back-Up

Nach zwei bis dreimal stoppen richte dein Pferd einige Schritte rückwärts. Wende dich dafür entgegengesetzt zum Pferd. Unterstütze das Back-Up einleitend durch ein Stimm-Kommando „Back, Back-Up" und in der Bewegung durch taktmäßiges Schnalzen.

Das Back-Up ist schon eine einfache, leicht versammelnde Übung: Das Pferd schiebt seine Hinterhand unter den Schwerpunkt. Das ist aber nur effektiv, wenn es **fleißig** ausgeführt wird.

Back-Up mit Gerte

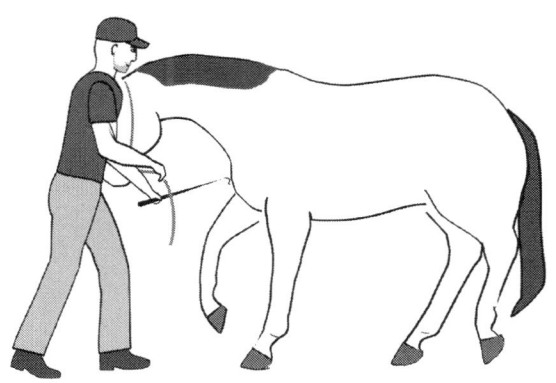

Erscheint dir das Back-Up nicht fleißig genug und erfolgt auch noch nicht im Zweitakt, dann nimm eine Gerte oder kurze Reitpeitsche zu Hilfe und tippe das Pferd damit rhythmisch an der Brust an.

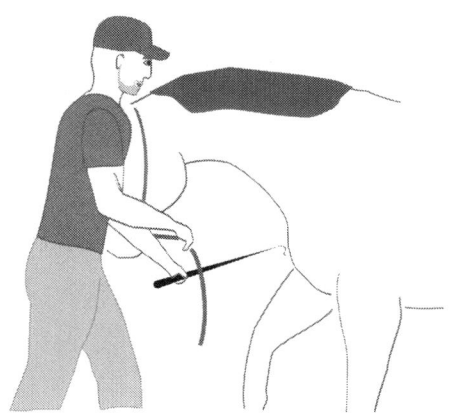

Hals wenden

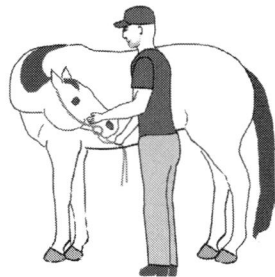

Stell dein Pferd im Stand auf. Wende seinen Kopf und Hals behutsam mit Zügel und einer Hand an der Backe soweit wie möglich. Diese Übung abwechselnd nach rechts und links durchführen.

Die Übung macht dein Pferd locker im Hals und löst oft schon Blockaden im Genick.

Vorderbein heben

Fass vor dem Aufsteigen ein Vorderbein oberhalb des Vorderfußwurzelgelenks und ziehe es behutsam nach vorne heraus. Das Gleiche mit dem anderen Bein.

Erst dann wieder nachgurten. Die Übung lockert die Vorderbeine deines Pferdes und zieht die Bauchfalten vor den Gurt, was bei manchen Pferden davor schützt, dass Bauchfalten unter dem Gurt aufgerieben werden.

Gymnastizierendes Reiten

Lösen im Schritt

Jegliche Arbeit mit dem Pferd sollte im Schritt beginnen. Dein Bemühen in den ersten 5 Minuten sollte sich darauf konzentrieren, die Genickhöhe deines Pferdes nach oben mit Zügeleinwirkung zu begrenzen und es nach unten frei zu geben, wenn es im Genick nachgibt.
Dazu musst du es unbedingt mit den Schenkeln taktmäßig unterstützen.
Der Schritt soll fleißig und raumgreifend werden. Es ist wenig effektiv, wenn dein Pferd in der Lösungsphase nur „herumgammelt".

Im Trab lösen – Phase 1

Als nächstes sollst du dein Pferd im Trab lösen. Reite es schwungvoll auf großen Linien („Ganze Bahn" und „Durch die ganze Bahn wechseln") vorwärts. Du kannst dabei in den Bügeln stehend schweben oder leichttraben.

Worauf es ankommt, ist, das Pferd zu aktivieren, vermehrt mit der Hinterhand abzufußen und schwungvoll vorzutreten. Die Beizäumung ist zunächst noch nicht so wichtig.

Im Trab lösen – Phase 2

Erst wenn dein Pferd im Trab deutlich an Schwung gewonnen hat, nimmst du Zügelkontakt auf.

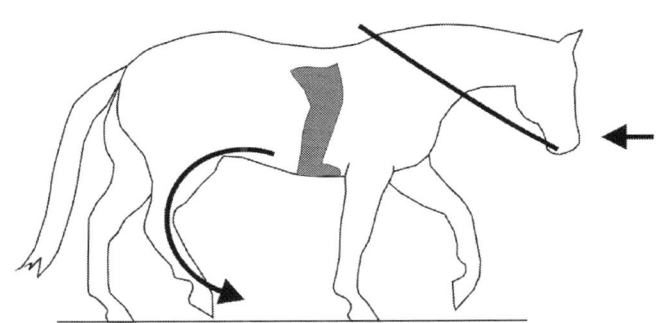

Du begrenzt jetzt mit dem Zügel, wieweit dein Pferd seinen Kopf nach vorne strecken darf. Du bringst also seine Nasenrückenlinie näher zur Senkrechten. Dabei darfst du nicht nachlassen, mit dem Schenkel aktiv zu bleiben, damit dein Pferd weiterhin mit der Hinterhand deutlich vorschwingt.

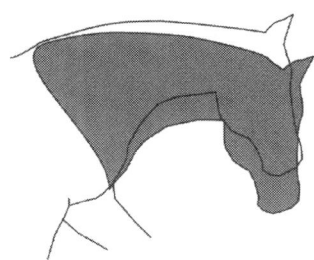

Auch jetzt sollst du dein Pferd vorwärts-abwärts reiten, das bedeutet, du gibst mit dem Zügel deutlich nach, wenn dein Pferd sein Genick senkt.

Dynamisch reiten im Trab und Jog

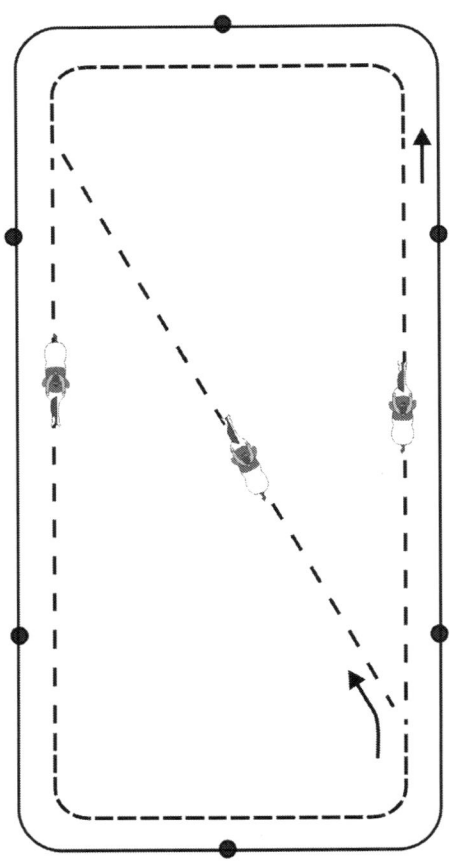

Reite auf der ganzen Bahn.
An den langen Seiten Leichttraben und flott vorwärts, vor
der Ecke aussitzen, das Tempo einfangen, im Jog die kurze Seite entlang, auf der
nächsten langen Seite wieder zulegen usw. Die Wechsellinie kannst du ebenso zur
Verstärkung von Schwung
und Tempo benutzen.
Der Tempo-Unterschied muss
am Anfang noch nicht so
deutlich sein. Beschränke
dich darauf, den flotten Trab
am Beginn der langen Seite
deutlich herauszulassen.

⇨ Im Trab verstärkt vorwärtsreiten, soll nicht heißen, dein Pferd rennen
zu lassen, sondern seine Trabschritte zu verlängern. Deshalb darfst
dabei den Zügelkontakt nicht aufgeben.

Ecken nutzen

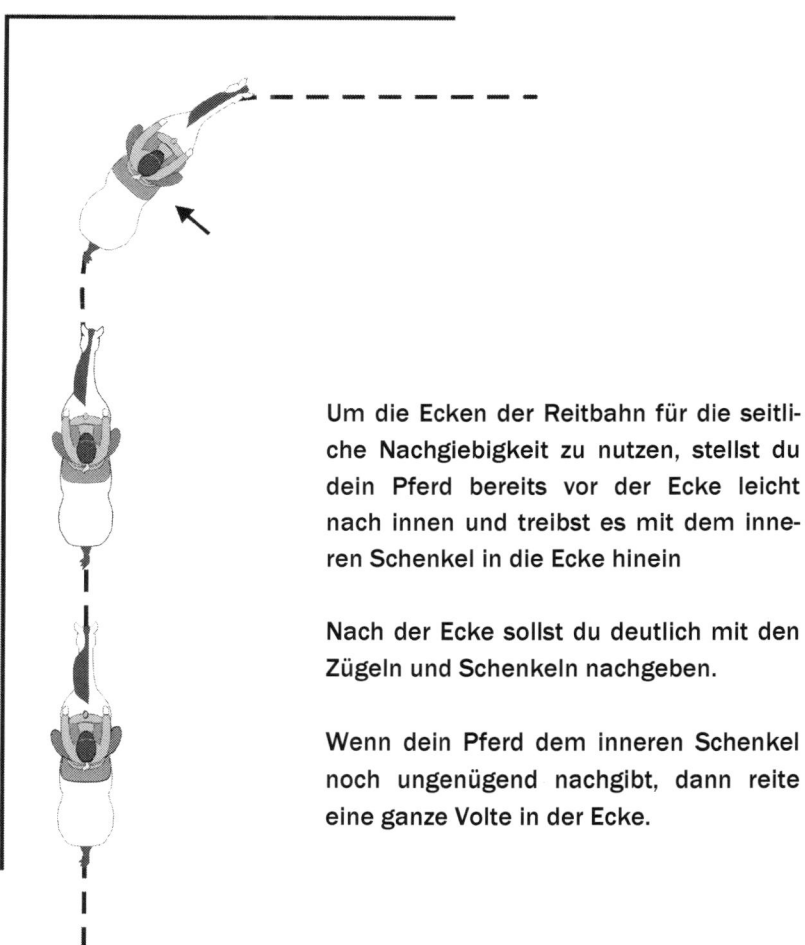

Um die Ecken der Reitbahn für die seitliche Nachgiebigkeit zu nutzen, stellst du dein Pferd bereits vor der Ecke leicht nach innen und treibst es mit dem inneren Schenkel in die Ecke hinein

Nach der Ecke sollst du deutlich mit den Zügeln und Schenkeln nachgeben.

Wenn dein Pferd dem inneren Schenkel noch ungenügend nachgibt, dann reite eine ganze Volte in der Ecke.

Leichttraben auf Zirkeln

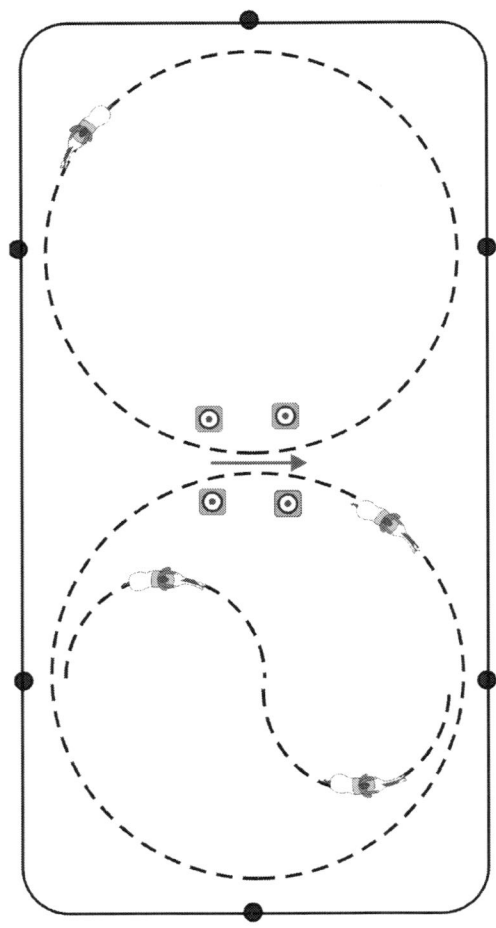

Gehe jetzt auf einen Zirkel. Weiterhin in flottem Trab, dabei leichttraben.

Nach 3 bis 5 Zirkeln „Aus dem Zirkel wechseln". Vier Pylonen im Zentrum der Bahn markieren dir eine Strecke von ca. 2 Pferde-längen, auf der du dein Pferd gerade stellst, bevor du die neue Biegung einlei-test.

Nach 5 bis 10 Zirkeln gele-gentlich „Durch den Zirkel wechseln".

⇨ **Biete deinem Pferd Schwung und Abwechslung.**

Trab auf Zirkeln

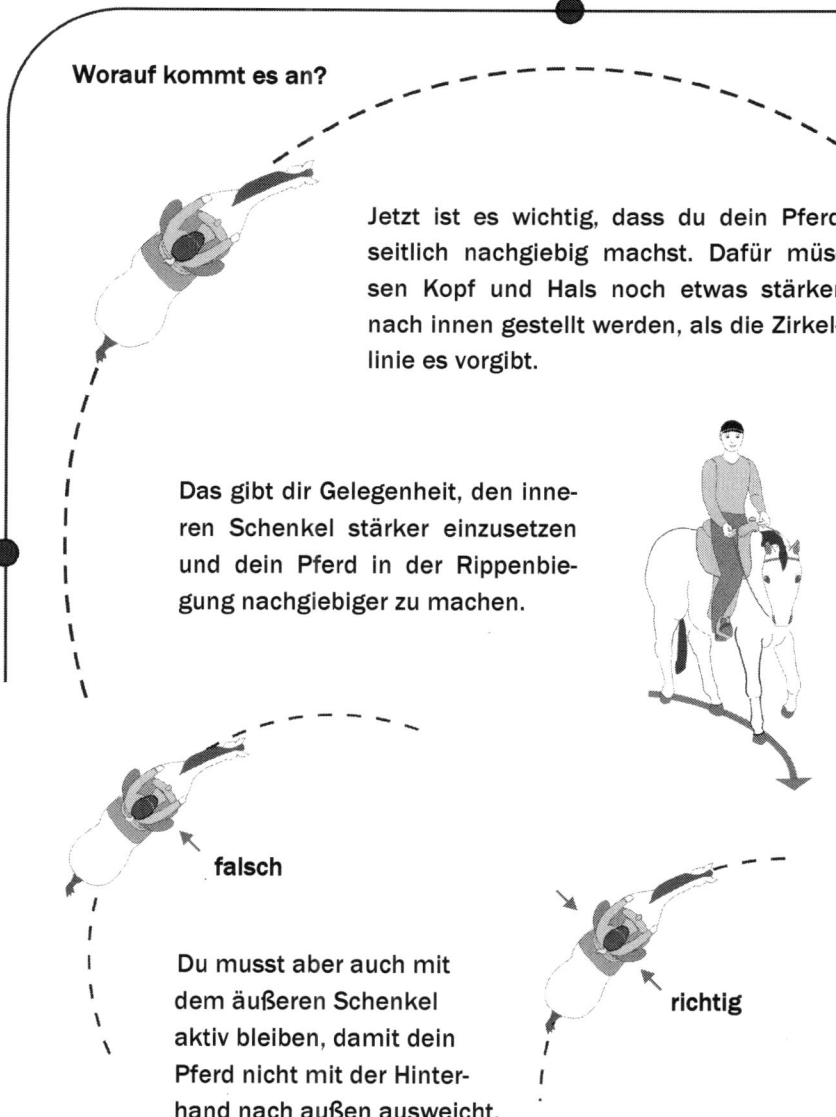

Worauf kommt es an?

Jetzt ist es wichtig, dass du dein Pferd seitlich nachgiebig machst. Dafür müssen Kopf und Hals noch etwas stärker nach innen gestellt werden, als die Zirkellinie es vorgibt.

Das gibt dir Gelegenheit, den inneren Schenkel stärker einzusetzen und dein Pferd in der Rippenbiegung nachgiebiger zu machen.

falsch

Du musst aber auch mit dem äußeren Schenkel aktiv bleiben, damit dein Pferd nicht mit der Hinterhand nach außen ausweicht.

richtig

Arbeit mit Volten

Weiterhin schwungvollen Trab auf der ganzen Bahn.

Reite in den Ecken, später auch auf den langen Seiten, ganze Volten. Dabei sitzt du aus und stellst dein Pferd stark in die Biegung.

Nach einer Weile wechselst du die Hand mit einer Kehrtvolte.

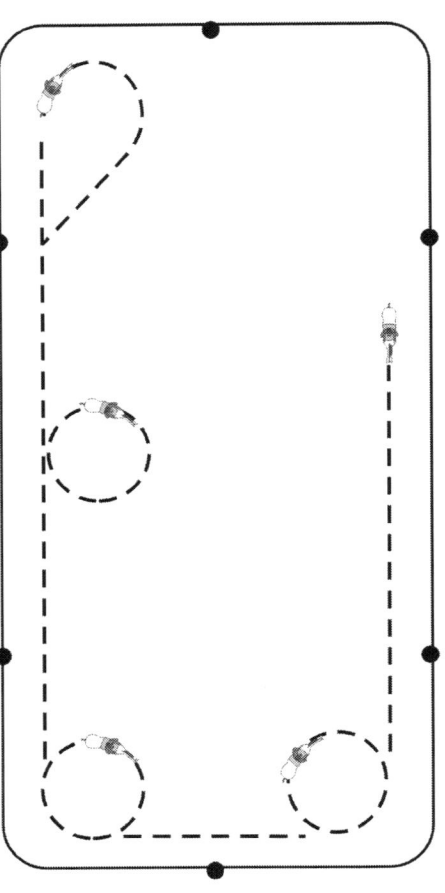

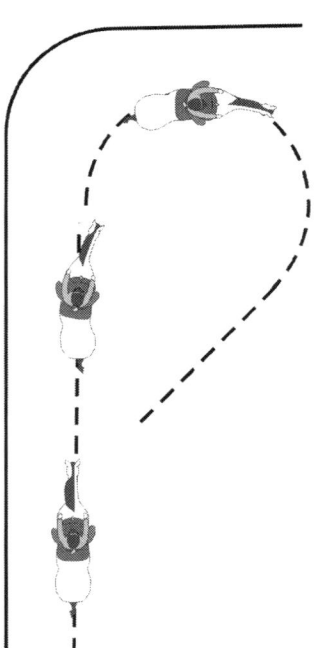

Worauf kommt es an?

Um die Volten und Kehrtvolten für die seitliche Nachgiebigkeit und die Versammlung zu nutzen, musst du dein Pferd **vor** Einleitung der Volte bereits leicht nach innen stellen und dann erst auf die gebogene Linie führen.

Schlangenlinien und Volten – Übung 1

Markiere die Bahn entsprechend mit 5 Pylonen.

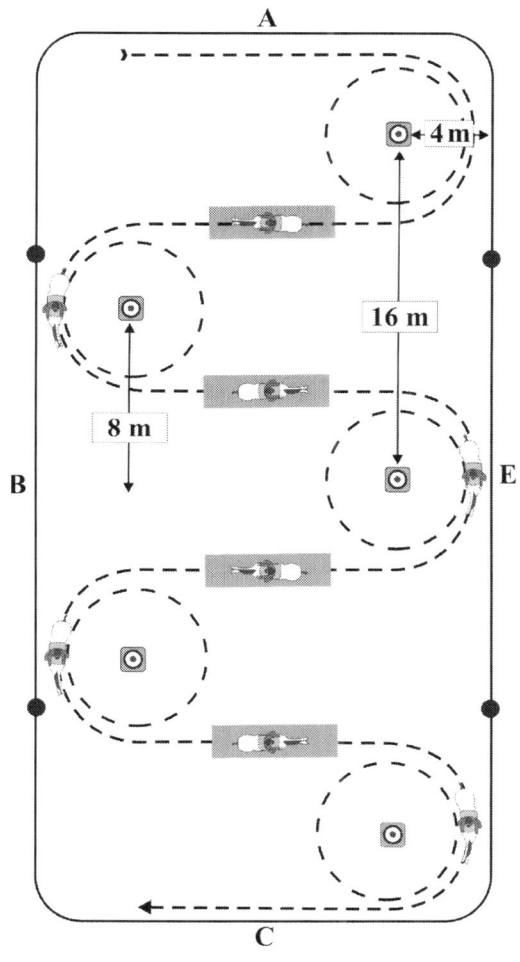

Von der ganzen Bahn kommend, reite eine Jog-Volte um die 1. Pylone.

Dann reite in gerader Linie auf die andere Seite und dort wieder eine ganze Volte.

So geht es weiter, bis du bei C ankommst.

Dann ganze Bahn und hinter A „Durch die ganze Bahn wechseln" und ab C wieder mit der Übung beginnen.

Wenn das gut geht, reite die Übung ohne die Volten.

Schlangenlinien und Volten – Übung 2

Markiere die Bahn mit den neuen Abständen für die Pylonen.
Diesmal die Volten auf 10 m vergrößern. Die gerade Linie verläuft jetzt mehr diagonal und ist kürzer.

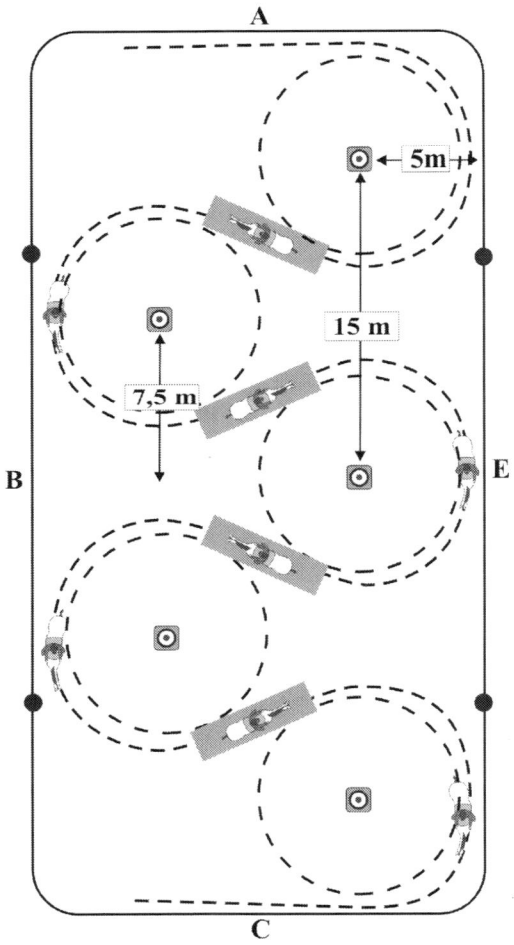

Nachdem du diese Übung mit je einer Volte geritten hast, kannst du selbst entscheiden, wann du die Bögen weiter reitest und wann du eine oder mehrere Volten einlegst.

Leicht nach innen gestellt

Die meisten Pferde, vor allem die jungen, gehen mit der Schulter und dem Kopf näher an der Wand als mit der Hüfte.

Auf der einen Hand ist das oft stärker ausgeprägt als auf der anderen. Das hat etwas mit der "Händigkeit" zu tun, der Rechts- oder Linkshändigkeit.

Um dem entgegenzuwirken und das Pferd zunehmend geradezurichten, sollte es auch auf den langen Seiten leicht nach innen gestellt sein.

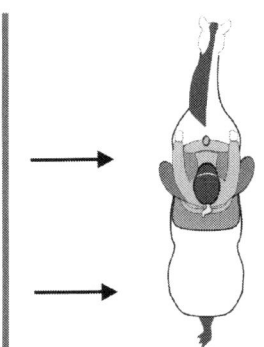

Außerdem ist es nützlich, öfter einmal an den langen Seiten 2 bis 3 m von der Bande weg zu reiten, etwa auf dem dritten Hufschlag.

Die „relative Geraderichtung"

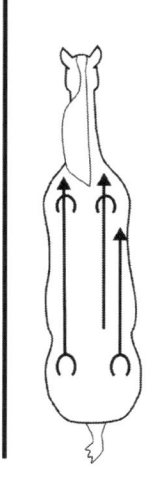

Zum Verständnis:

Die Pferde laufen mit der Vorhand etwas schmaler als mit der Hinterhand.

Es ist also praktisch nicht möglich, die Spur der Vorhand exakt mit der Spur der Hinterhand in eine Linie zu bringen, was eine „absolute Geraderichtung" bedeuten würde.

Wie schon erwähnt, läuft das junge und unausgebildete Pferd mehr mit der Schulter an der Wand, also mit den äußeren Beinen in einer Spur.

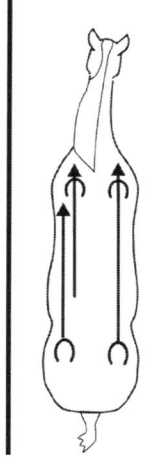

Durch eine leichte Innenstellung kann die innere Vorhand auf die innere Hinterhand ausgerichtet werden, also auf eine Spur.

Das nennen wir die „relative Geraderichtung". Sie wirkt der natürlichen Schiefe des Pferdes entgegen.

Reiten in Stellung

Reiten in Stellung wird auch „Schulter vor" genannt.

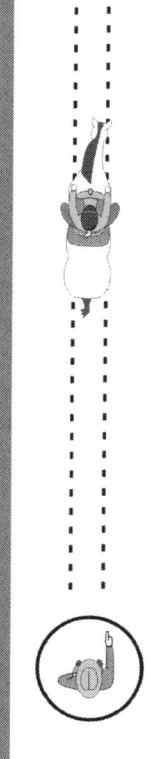

Reite die Übung „Leicht nach Innen gestellt" und stelle jetzt auf den langen Seiten den Kopf und den Hals soweit nach innen, wie es noch möglich ist, auf einem Hufschlag zu bleiben.
Du solltest jetzt den Rand des inneren Auges und den Rand der inneren Ganasche (Backe) sehen können.

Reite die Übung zuerst im Schritt und dann im Jog. Dein Reitlehrer oder ein Helfer sollen dich von hinten beobachten und ansagen, wann die Abstellung zu stark ist, das Pferd also nicht mehr auf einem Hufschlag läuft.

⇨ Wichtig ist, dass das Pferd dabei gleichmäßig im Takt seiner Gangart bleibt. Wenn das Pferd im Schritt an Fleiß und im Jog an Schwung verliert, sollte die Kopfabstellung zurückgenommen werden und das Pferd vermehrt vorwärts geritten werden. Das Pferd darf dabei auch nicht den Kopf schräg halten, man nennt das „sich im Genick verwerfen".

Schulterherein

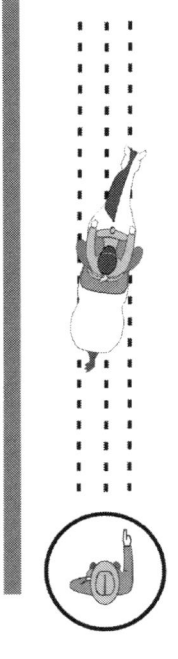

Aus der Übung „Reiten in Stellung" heraus stellst du das Pferd nun soweit nach innen, dass die innere Vorhand eine eigene Spur beschreibt.

Auch hier sollte dir dein Reitlehrer oder ein Helfer Anweisungen geben, wann die drei Spuren erreicht sind – also auch, wann es zu viel und wann zu wenig ist.

Du erreichst diese Stellung, indem du den äußeren Zügel stärker annimmst und mit dem inneren Schenkel stärker treibst.

Das Pferd darf keinesfalls stärker mit dem inneren Zügel nach innen gezogen werden.

Fehler beim Schulterherein

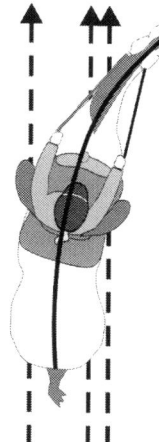

Hier ist der innere Zügel zu stark angenommen. Das Pferd wendet den Hals sehr stark, kommt aber mit der inneren Schulter nicht auf eine deutliche eigene Spur.

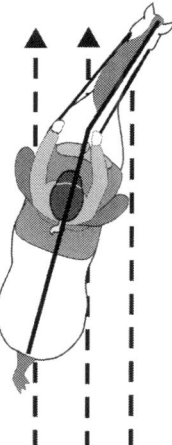

Hier wird der innere Zügel zu stark gegen den Hals gezogen. Das Pferd hat einen Knick im Hals und keine Rippenbiegung.

Richtig!
Hier sind drei gleichmäßige Spuren und die Biegung geht durch das ganze Pferd.

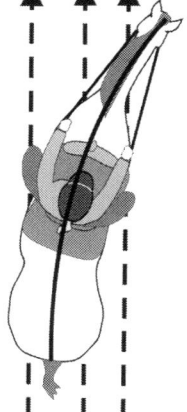

Schulterherein aus der Ecke entwickeln

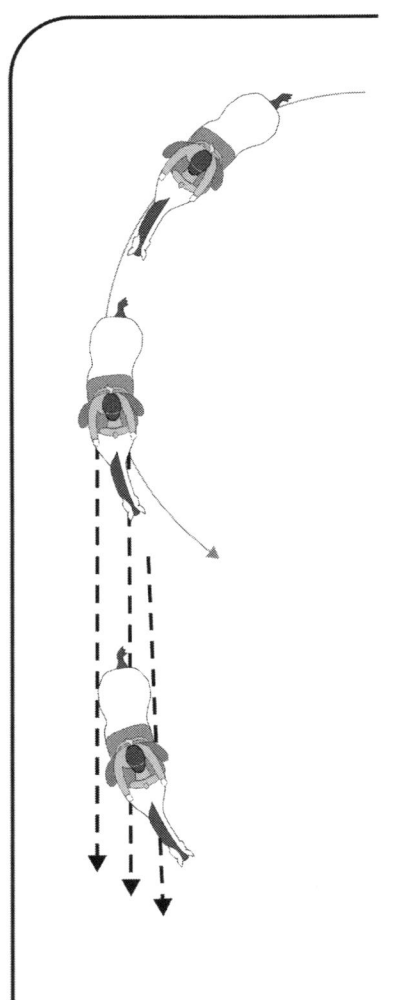

Du reitest dein Pferd gebogen durch die Ecke.

Dann reitest du eine ganze Volte.

Aus der Volte heraus, in der Ecke beginnend, reitest du weiterhin mit deinem gebogenen, nach innen gestellten Pferd geradeaus.

Du richtest dein Pferd weiter nach innen, so dass drei Spuren entstehen:

Die innere Vorderhand läuft auf einer eigenen Spur, die innere Hinterhand spurt auf die äußere Vorderhand und die äußere Hinterhand läuft auf einer eigenen Spur.

Schenkelweichen

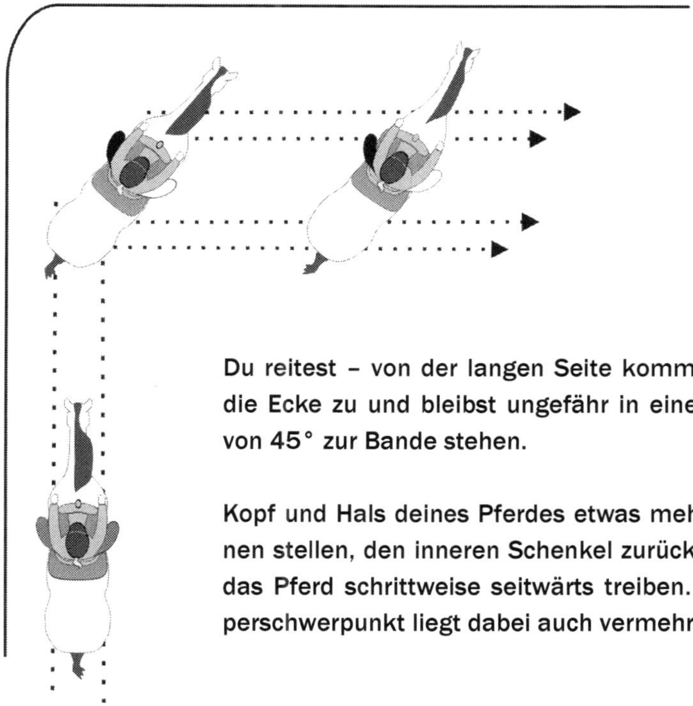

Du reitest – von der langen Seite kommend – auf die Ecke zu und bleibst ungefähr in einem Winkel von 45° zur Bande stehen.

Kopf und Hals deines Pferdes etwas mehr nach innen stellen, den inneren Schenkel zurücklegen und das Pferd schrittweise seitwärts treiben. Dein Körperschwerpunkt liegt dabei auch vermehrt innen.

Wenn wir von „Innen" und „Außen" beim Pferd sprechen, meinen wir stets die Innen- und die Außenseite der Biegung.

In diesem Fall liegt die Innenseite an der Bande!

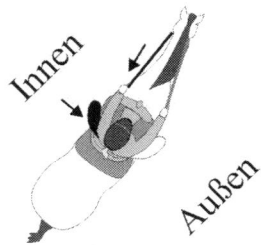

Schenkelweichen mit Reitlehrer

Wenn dir dein Reitlehrer behilflich ist, sollte er schräg hinter dem Pferd mitlaufen, und die innere Seite im Auge behalten.

Lass dir am Anfang Zeit. Wenn das Pferd einwandfrei seitwärts tritt, lass es einen Moment ruhig stehen.

Wenn es allerdings dem inneren Schenkel nicht richtig weicht, dann lege diesen auch übertrieben weit zurück und setze ihn stärker ein, bis dein Pferd mit der Hüfte weicht.

Zwischendurch das Pferd immer wieder ausruhen lassen.

Diagonale Hilfengebung beim Schenkelweichen

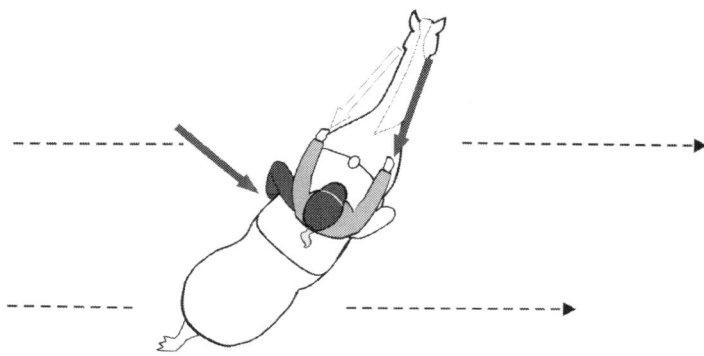

Nachdem zunächst der innere Zügel wichtig war, um den Kopf des Pferdes leicht nach innen zu stellen, wird im weiteren Verlauf der äußere Zügel wieder wichtiger, um die äußere Schulter zu begrenzen.

Hier beginnt die diagonale Hilfengebung:

Wenn der innere Schenkel treibt, soll der äußere Zügel gegenwirken („zupfen"). Das heißt, du stellst dein Pferd mit fortschreitendem Training in der Übung zunehmend gerade.
Das bereitet auch darauf vor, die Übung eines Tages einhändig durchzuführen.

Schenkelweichen ohne Bande

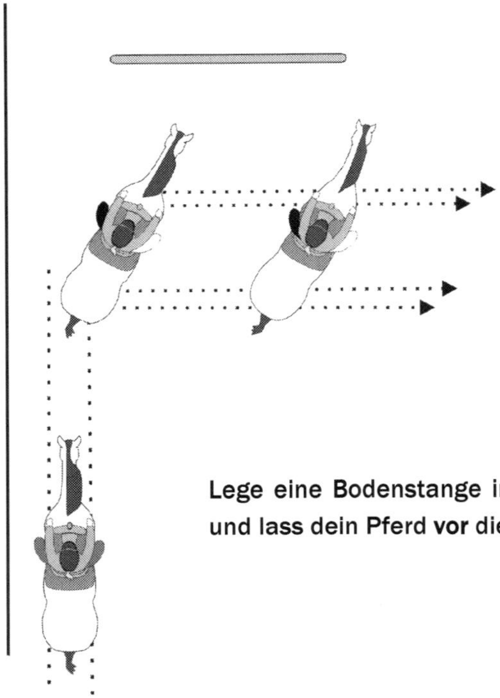

Lege eine Bodenstange im rechten Winkel zur Bande und lass dein Pferd **vor** dieser Stange seitwärts treten.

Schenkelweichen über eine Stange

Als nächstes lass dein Pferd seitwärts **über** eine Bodenstange weichen.

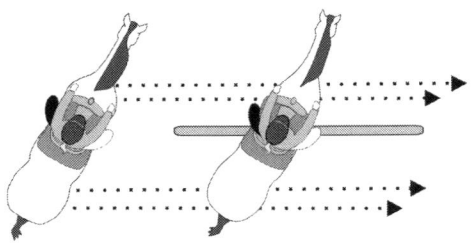

„Viereck verkleinern und vergrößern"

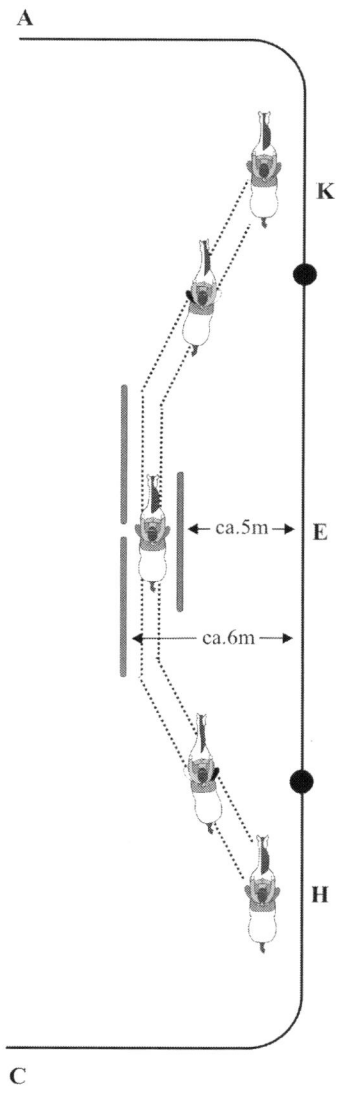

Beim ersten Buchstaben der langen Seite treibst du dein Pferd vorwärts-seitwärts (wie beim Schenkelweichen) in Richtung Bahnmittelpunkt bis zu den beiden Bodenstangen.

Dann reitest du zwei bis drei Pferdelängen geradeaus und wieder vorwärts–seitwärts zum Hufschlag zurück.

Reite die Übung zuerst im Schritt, wenn das gut klappt im Jog.

Zwischendurch reite dein Pferd in gleichmäßigem Tempo auf der ganzen Bahn, denn die Übung ist anstrengend und erfordert Konzentration.

Schenkelweichen im Jog

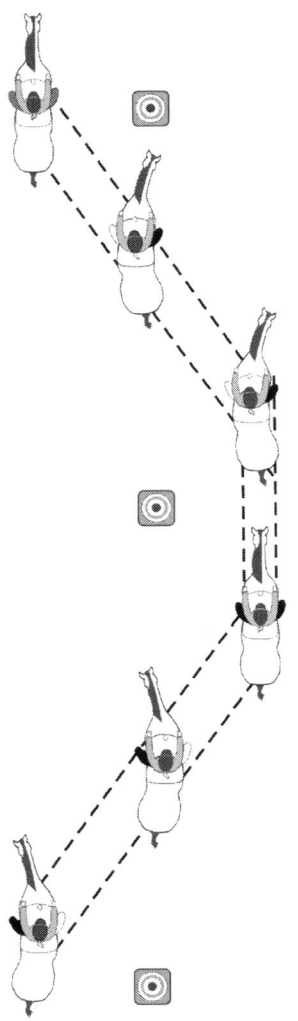

Diese Übung ist ähnlich wie „Viereck ver-
kleinern und vergrößern".

Du reitest dein Pferd im Schenkelweichen zwischen den Pylonen durch, stellst
es gerade und bringst es dann in der anderen Richtung zum Schenkelweichen.

Slalom-Schenkelweichen um Pylonen

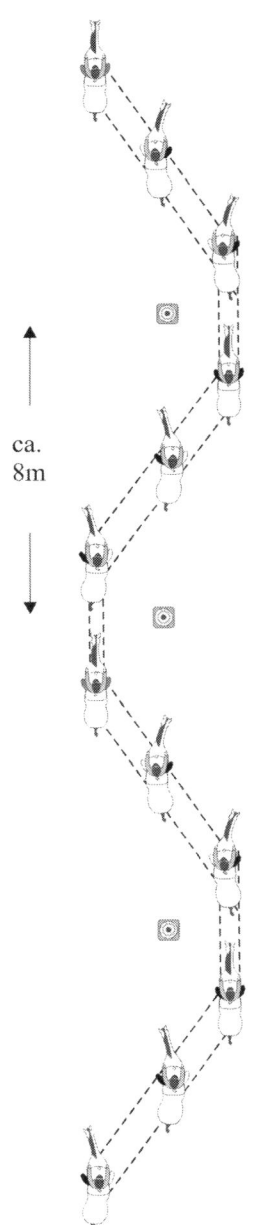

ca.
8m

Diese Übung baut auf der vorhergehen-
den auf:
Du stellst 5 Pylonen in 8 Meter Abstand
auf der Mittellinie der Reitbahn auf und
gehst im Schenkelweichen hindurch.
Erst wenn das im Schritt gut klappt, die
Übung im Jog reiten.

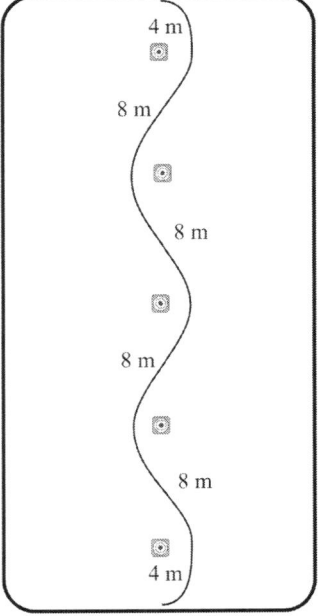

4 m

8 m

8 m

8 m

8 m

4 m

⇨ Sollte die Übung im Jog problematisch
sein, reite die Übung wieder im Schritt, bis
die Übereinstimmung mit deinem Pferd
wieder hergestellt ist.

Travers oder Kruppeherein

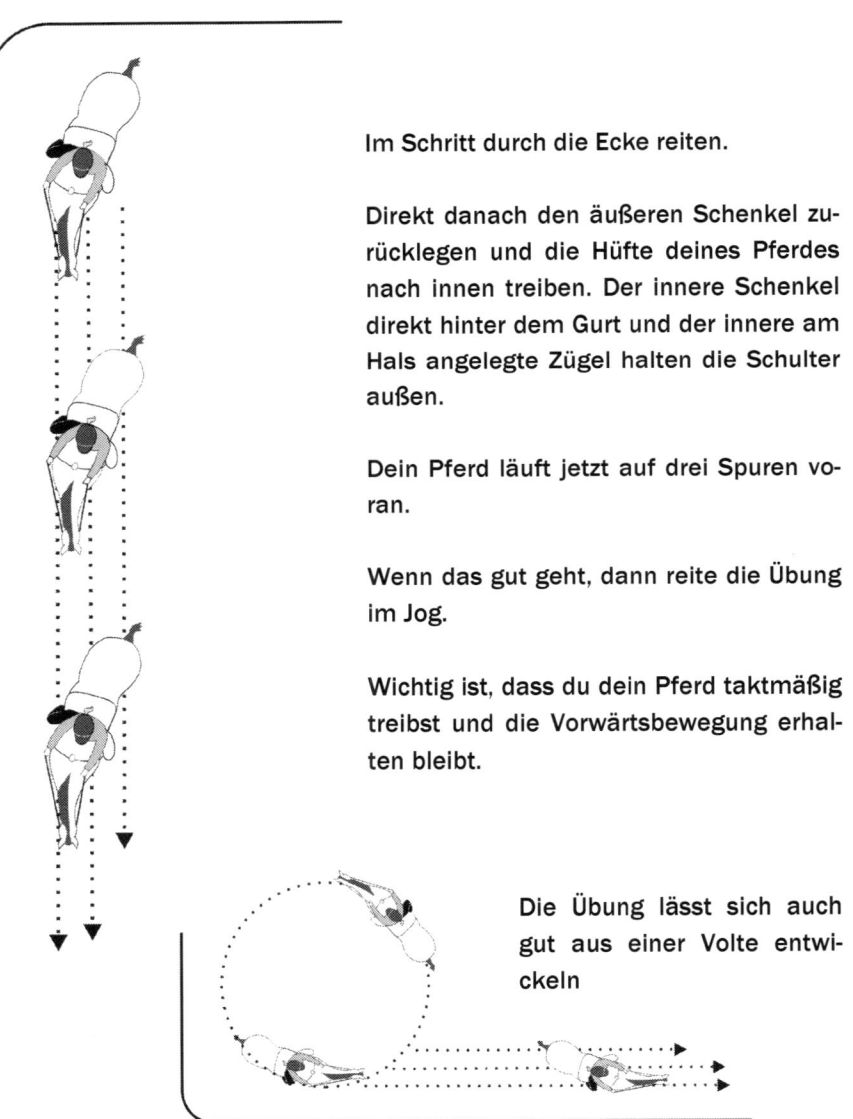

Im Schritt durch die Ecke reiten.

Direkt danach den äußeren Schenkel zurücklegen und die Hüfte deines Pferdes nach innen treiben. Der innere Schenkel direkt hinter dem Gurt und der innere am Hals angelegte Zügel halten die Schulter außen.

Dein Pferd läuft jetzt auf drei Spuren voran.

Wenn das gut geht, dann reite die Übung im Jog.

Wichtig ist, dass du dein Pferd taktmäßig treibst und die Vorwärtsbewegung erhalten bleibt.

Die Übung lässt sich auch gut aus einer Volte entwickeln

Travers – Hilfengebung

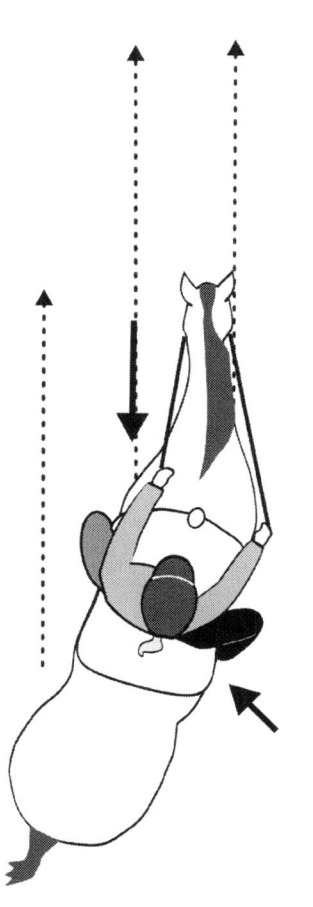

Hier ist noch einmal die Hilfengebung verdeutlicht:

Der zurückgelegte äußere Schenkel bringt die Hüfte nach innen. Der
angenommene innere Zügel und
der innere Schenkel begrenzen die
innere Schulter.

Der innere Schenkel unterstützt
weiterhin den Takt und der äußere
Zügel führt die äußere Schulter.

Traversalen oder Traversal-Verschiebung

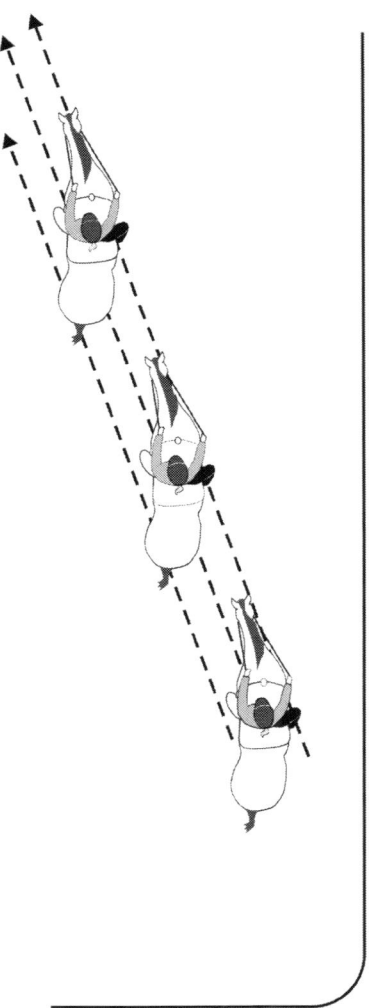

Nach dem Durchreiten einer Ecke treibst du dein Pferd mit dem zurückgelegten äußeren Schenkel vorwärts-seitwärts vom Hufschlag weg.

Obwohl in der klassischen Reitausbildung der Grundsatz gilt „die Schulter führt", ist es im Westernreiten unter dem Aspekt des späteren einhändigen Reitens von elementarer Wichtigkeit, dass die **Hüfte zuerst** vom Hufschlag weg nach innen gebracht wird.

Traversalen durch die Bahn

Wie in der Übung zuvor, bringst du dein Pferd vorwärts-seitwärts auf die Linie „Durch die ganze Bahn wechseln".

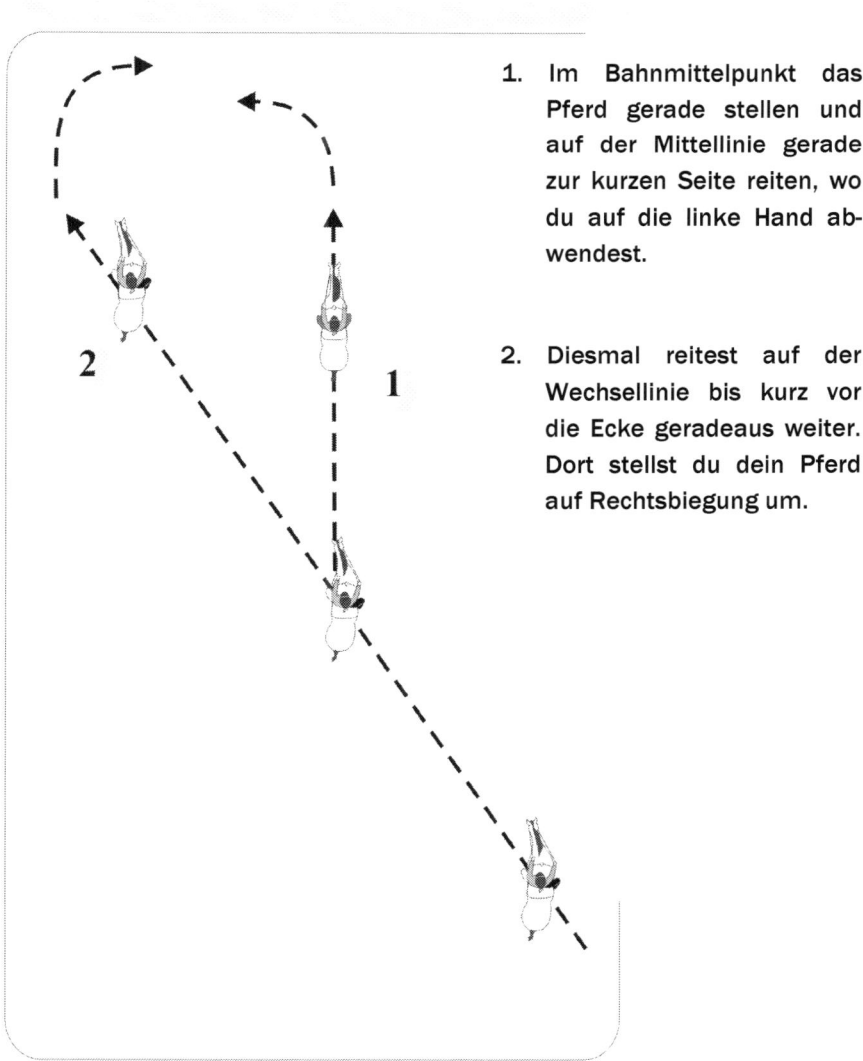

1. Im Bahnmittelpunkt das Pferd gerade stellen und auf der Mittellinie gerade zur kurzen Seite reiten, wo du auf die linke Hand abwendest.

2. Diesmal reitest auf der Wechsellinie bis kurz vor die Ecke geradeaus weiter. Dort stellst du dein Pferd auf Rechtsbiegung um.

Traversalen – Hilfengebung

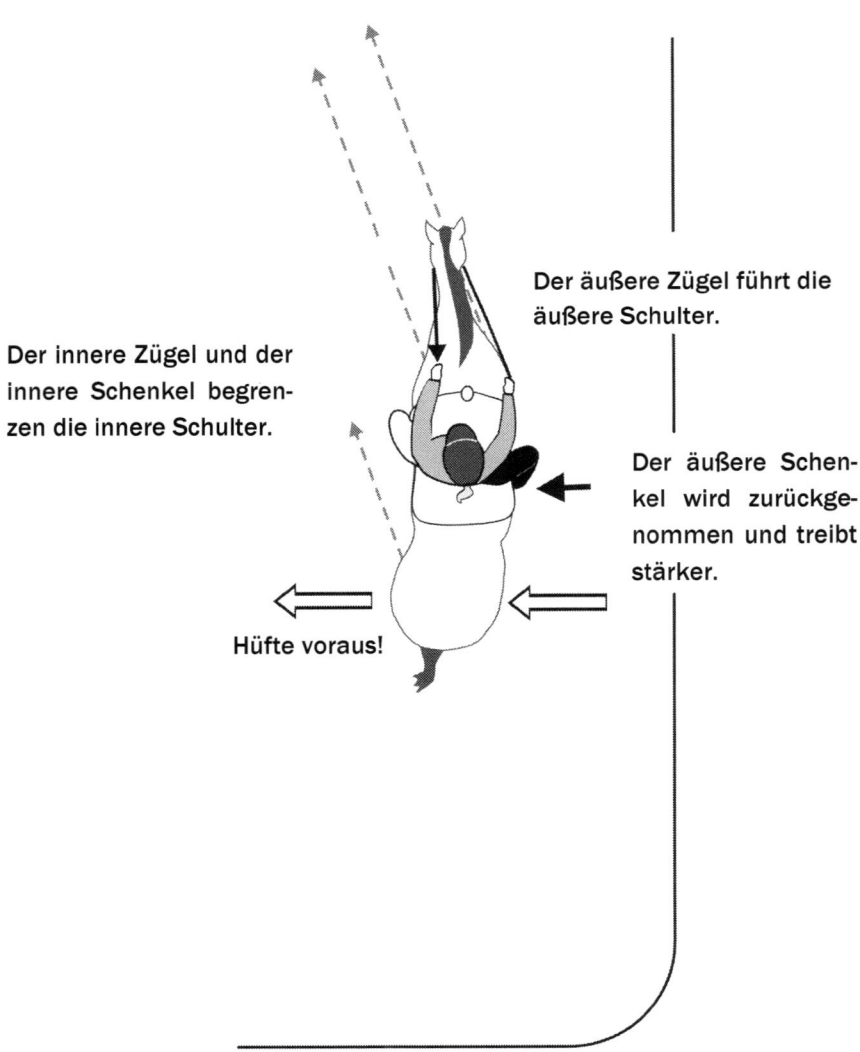

Der innere Zügel und der innere Schenkel begren-zen die innere Schulter.

Der äußere Zügel führt die äußere Schulter.

Der äußere Schen-kel wird zurückge-nommen und treibt stärker.

Hüfte voraus!

Travers – wechselnd

Ordne die Pylonen-Paare und die Bodenstange auf der Mittellinie an.

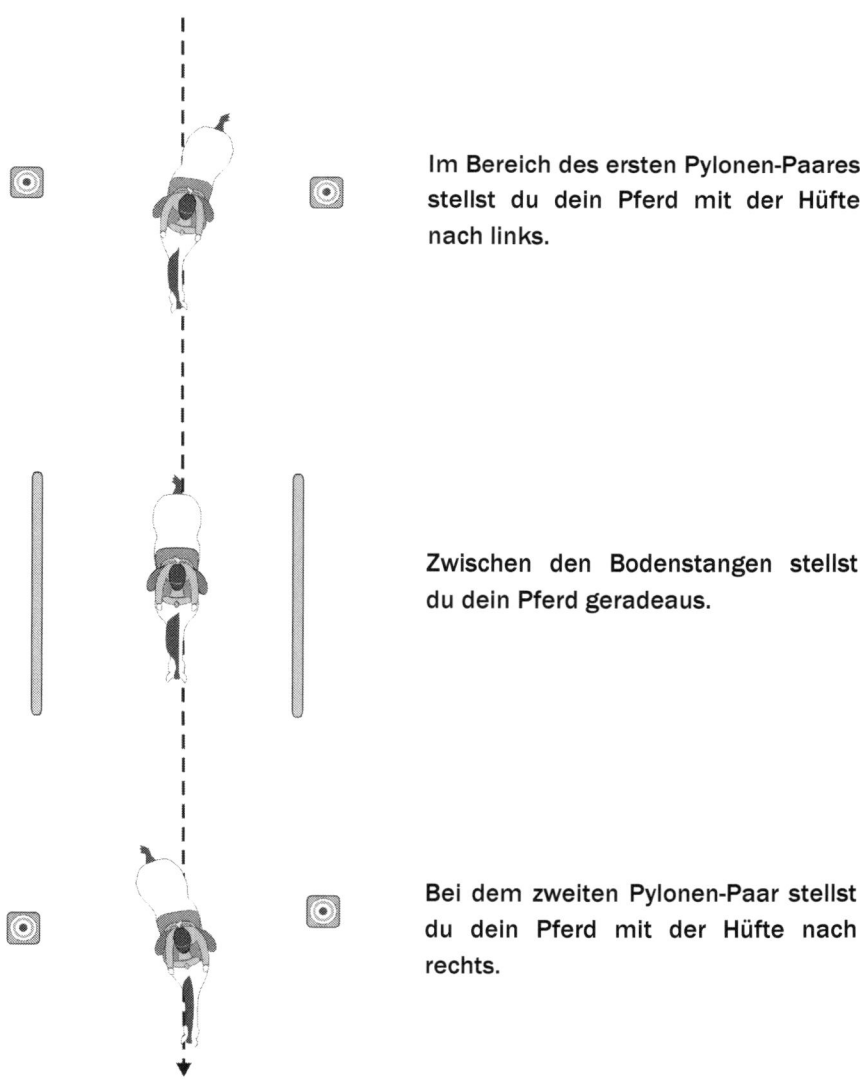

Im Bereich des ersten Pylonen-Paares stellst du dein Pferd mit der Hüfte nach links.

Zwischen den Bodenstangen stellst du dein Pferd geradeaus.

Bei dem zweiten Pylonen-Paar stellst du dein Pferd mit der Hüfte nach rechts.

Galopparbeit

Die vorangegangenen Übungen wurden für Schritt und Jog entwickelt. Die jetzt folgenden Übungen sind für den Galopp.

Dazu ist es notwendig, das Pferd im Galopp zu lösen. Dazu lässt du dein Pferd auf ganzen Bahnen und Zirkeln in gleichmäßigem Grundtempo gehen und wirkst nicht besonders stark auf es ein.

Dein Pferd muss dabei im klaren Drei-Takt bleiben, es darf also nicht zu langsam werden. Dabei solltest du dein Pferd mit den Schenkeln aktiv in der Hinterhand halten.

Erst wenn sich dein Pferd im Galopp gelöst hat und zufrieden und in gleichmäßigem Grundtempo läuft, beginne mit den folgenden Übungen.

⇨ **Wenn hier Übungen auf einer Hand gezeichnet und beschrieben sind, so ist selbstverständlich gemeint, dass die Übungen auf der anderen Hand genauso durchgeführt werden müssen.**

Lösende Übungen im Galopp

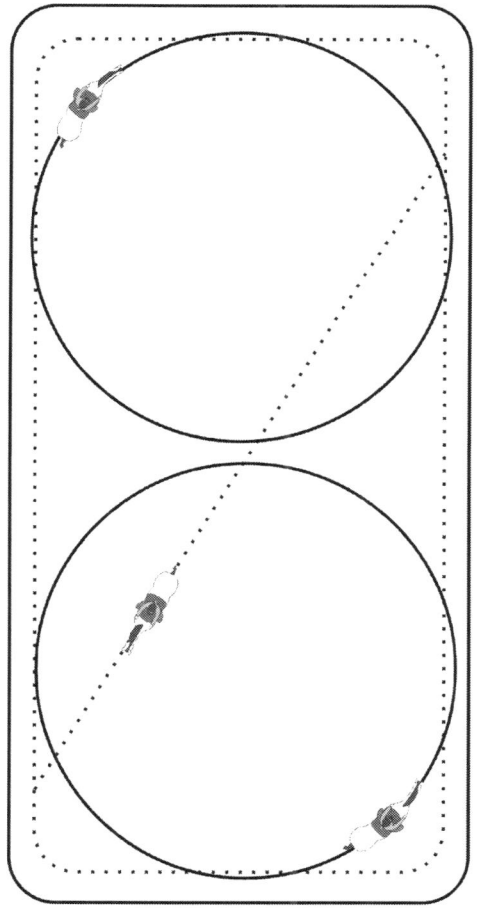

Galoppiere gleichmäßige Zirkel, bis das Pferd sein Grundtempo gefunden hat und zufrieden läuft.

Lass es entspannt am langen Zügel im Schritt gehen.

Nach einem Handwechsel auf der anderen Hand ebenfalls gleichmäßige Zirkel galoppieren.

⇨   Das klingt ziemlich simpel, aber viele Reiter sind einfach zu ungeduldig und wollen im Galopp gleich zu viel machen.

Spielerische Übergänge zwischen Trab und Galopp

Es handelt sich bei dieser Übung auch noch um eine lösende Übung. Daher kommt es nicht auf punktgenaues, sondern auf entspanntes Angaloppieren an.

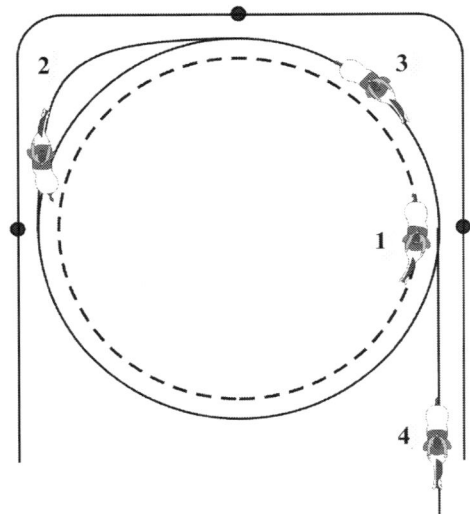

1. Flotter Trab auf dem Zirkel.
2. Lass das Pferd vor der Ecke angaloppieren mit Hüfteherein.
3. Galoppiere zwei oder drei Zirkel, dann an beliebiger Stelle zum Trab durchparieren und ein bis zwei Zirkel Trab reiten.
4. Galoppiere wieder an, reite die lange Seite entlang zum anderen Zirkel und wiederhole die Übung.

⇨ **Verändere gelegentlich die Stelle des Angaloppierens (z.B. Mitte der kurzen Seite oder im Mittelpunkt), damit dein Pferd die Übergänge nicht vorausahnt.**

Mittelzirkel reiten

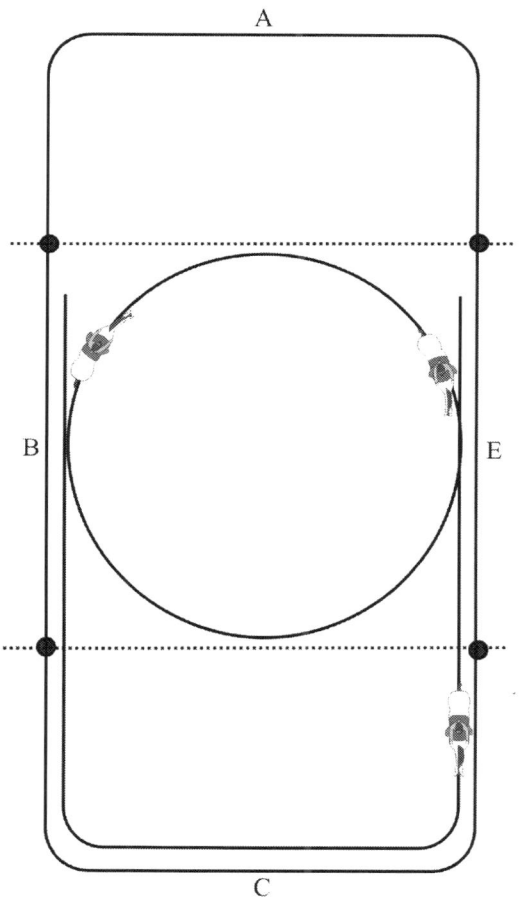

1. Galoppiere auf der ganzen Bahn.

2. Geh in Höhe eines halben Bahnpunktes (E oder B) auf den Mittelzirkel. Galoppiere einige Zirkel.

3. Verlass den Mittelzirkel wieder bei einem halben Bahnpunkt.

Stell dir die Verbindungslinien zwischen den Zirkelpunkten als Begrenzungen für den Mittelzirkel vor.

⇨ Das Reiten von Mittelzirkeln macht Reiter und Pferd unabhängiger von der Bande.

Beginnende Versammlung

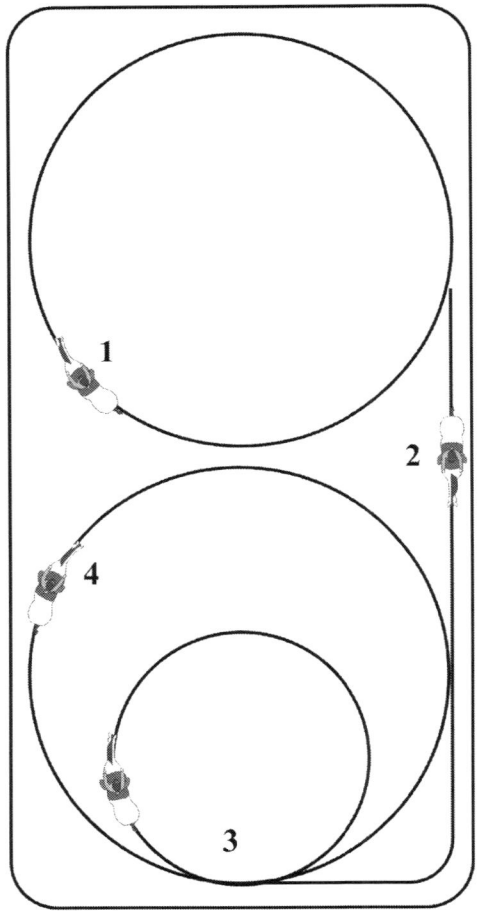

1. Reite gleichmäßige Galoppzirkel.

2. Bleib im Galopp und geh auf die ganze Bahn.

3. Mitte der kurzen Seite auf einen kleinen Zirkel gehen und diesen im gleichen Grundtempo reiten.

4. Im Anschluss daran einen Zirkel in normaler Größe reiten.

Beim diesem großen Zirkel möglichst wenig auf das Pferd einwirken und es locker laufen lassen.

⇨ Beim Abwenden von der ganzen Bahn auf den kleinen Zirkel muss das Pferd verstärkt an die Hilfen gestellt und gebogen werden. Das bedarf auch stärkerer Schenkelhilfen.

Die „Schnecke" im Galopp

Stell dir je eine Pylone in den Mittelpunkt der beiden Bahnzirkel.

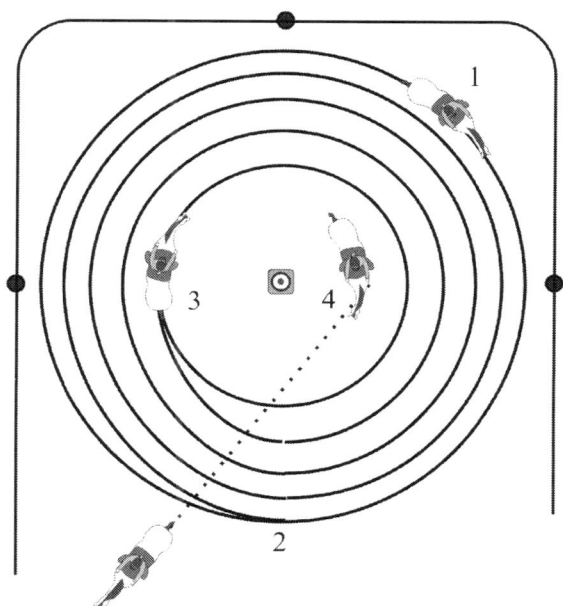

1. Reite gleichmäßige Galoppzirkel in ruhigem Grundtempo.

2. Verkleinere den Zirkel um ca. einen Meter pro Zirkel.

3. Wenn du merkst, dass es dem Pferd Mühe macht, noch im Galopp zu bleiben oder seine Hinterhand nach außen driftet, dann bleib auf dieser Zirkelgröße für zwei bis drei weitere Zirkel.

4. Dann lass das Pferd Schritt gehen, lobe es und wechsle durch die ganze Bahn, um die Übung auf der anderen Hand zu wiederholen.

Verbesserung der Balance (1)

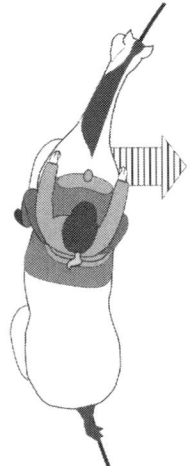

Viele Pferde neigen dazu, im Zirkel auf die innere Schulter zu fallen. Das wird oft noch dadurch unterstützt, dass die Reiter dazu neigen, sich nach innen zu lehnen. Dabei wird das innere Beinpaar zu stark belastet.

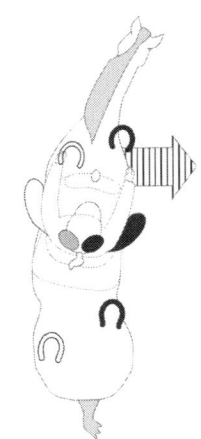

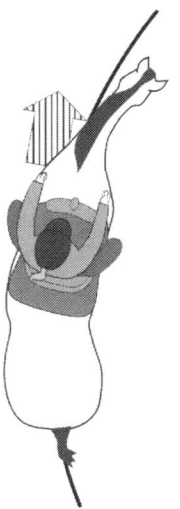

Du kannst dein Pferd trainieren, aufrecht auf der gebogenen Linie zu laufen, indem du dich bewusst nach außen setzt, den Kopf deines Pferdes aber noch stärker nach innen stellst.
Damit belastest du das äußere Beinpaar und das Pferd bleibt stabiler auf der Zirkellinie.

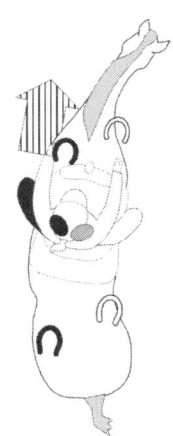

Verbesserung der Balance (2)

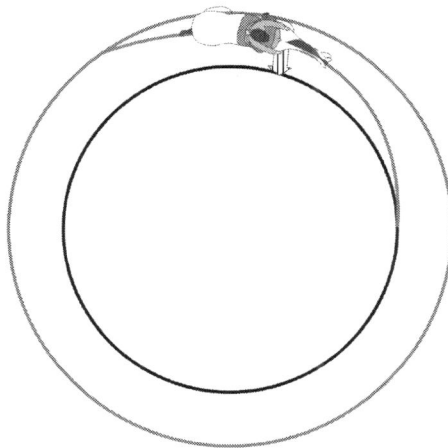

Du galoppierst auf einem Zirkel und dein Pferd fällt auf die innere Schulter. Dadurch wird der Zirkel kleiner, als du wolltest. Lass das für ein oder zwei Zirkel zu.

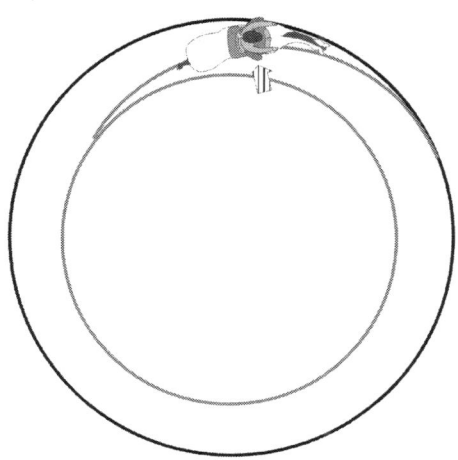

Dann treibe dein Pferd bei gleich bleibender Biegung mit dem inneren Schenkel nach außen auf die Zirkelgröße, die du angestrebt hast.

⇨ Auch diese Übung hilft deinem Pferd, aufrecht auf einer gebogenen Linie zu laufen.

Kleine Mittelzirkel

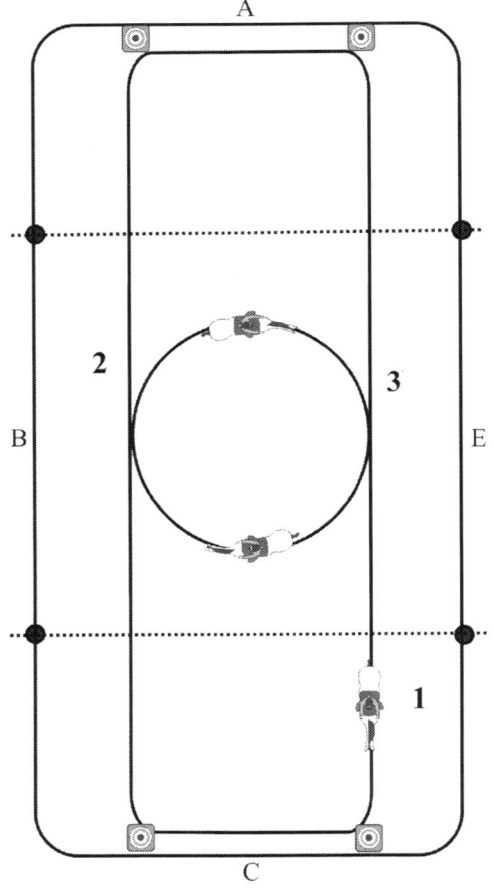

1. Galoppiere auf der ganzen Bahn, aber halte dich auf den langen Seiten ca. 4 Meter von der Bande entfernt.

2. Geh in Höhe eines halben Bahnpunktes (E oder B) auf einen kleinen Mittelzirkel. Galoppiere einige Zirkel.

3. Verlass den Mittelzirkel wieder bei einem halben Bahnpunkt.

⇨ Markiere dir die Enden der geraden Linien mit Pylonen. Schau auf die Pylone, wenn du auf der Geraden bist.

Übung zur Entwicklung von Speed Control

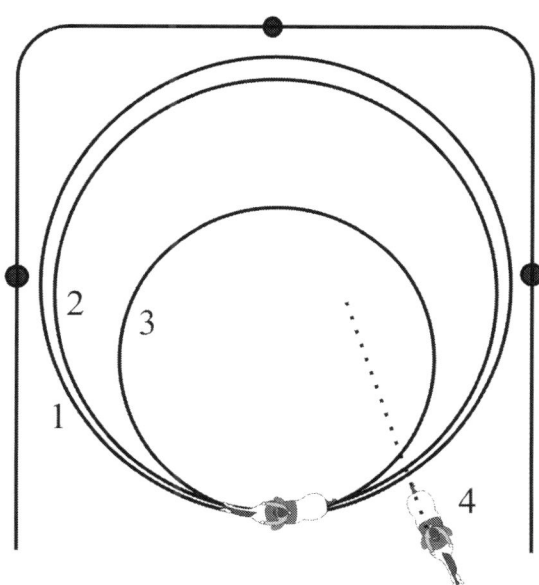

1. Galoppiere auf einem großen Zirkel im Grundtempo.
2. Verstärke deutlich das Tempo, bis sich das Pferd an dieses höhere Tempo gewöhnt hat und du spürst, dass das Pferd langsamer wird, wenn du weniger treibst.
3. Reite das Pferd mit geringerem Treiben und entspanntem Sitz auf einen mittelgroßen Zirkel, der dem Pferd keine Mühe macht. Lass es ein paar Runden ruhig galoppieren, lobe es und lass Schritt gehen. Es ist zunächst auch in Ordnung, wenn es auf dem verkleinerten Zirkel in den Trab fällt.
4. Verlass den Zirkel und mache eine Pause.

⇨ Wichtiger als „Speed" ist die „Control" !!!

Diagonalen galoppieren

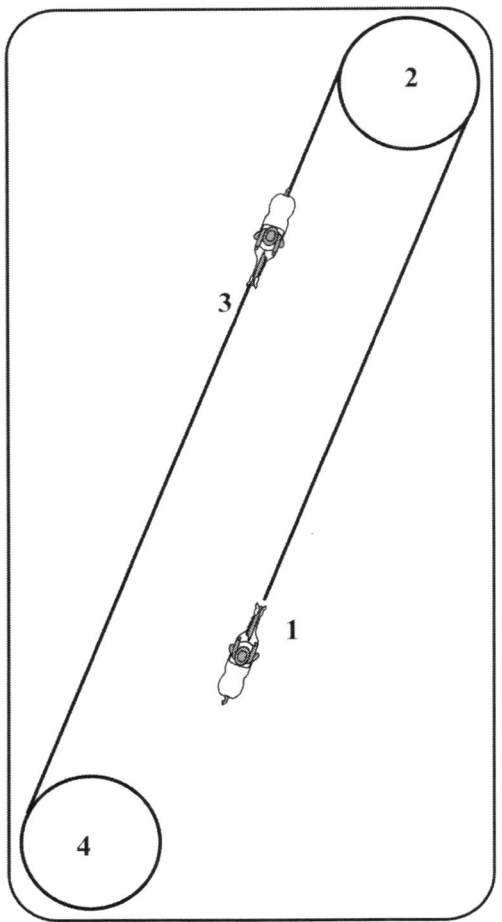

1. Galoppiere eine Diagonale in gerader Linie auf die nächste Ecke zu.

2. Reite eine ganze Volte in der Ecke.

3. Reite wieder eine Diagonale zur nächsten Ecke usw.

Auf den Geraden schließe dein Pferd mit Zügeln und Schenkeln ein und richte es gerade.

⇨ Diese Übung macht das Pferd unabhängiger von der Bande und ist später für ein Stop-Training sehr nützlich.

Galopp-Travers

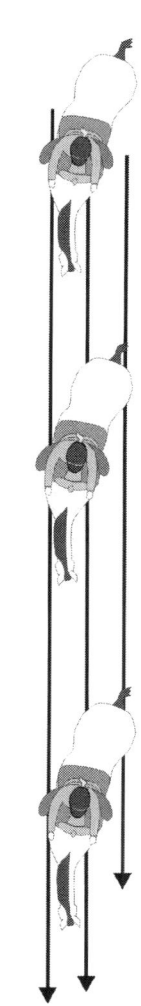

Bevor du diese Übung im Galopp beginnst, reite sie noch ein paar Male im Jog. Benutze nur die langen Seiten für das Travers.

Nach der Ecke bringst du dein Pferd mit der Hüfte herein. Das muss am Anfang noch nicht so stark sein.

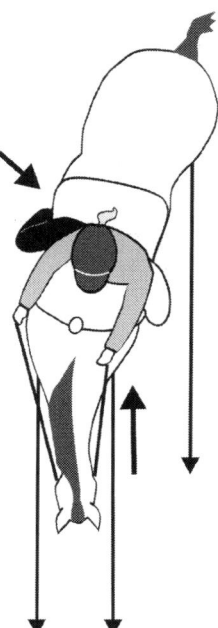

Galopp Traversalen

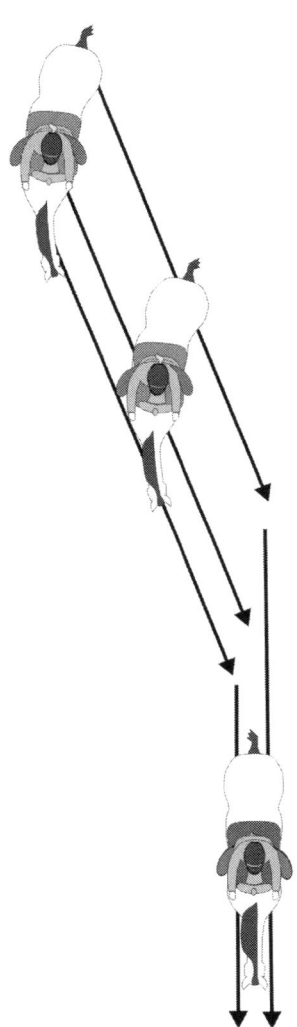

Mit dem Galopp-Travers an der langen Seite beginnend, bringst du dein Pferd einige Meter von der Bande weg und reitest dann wieder geradeaus.

Am Anfang genügen schon wenige Meter.

Reite die Übung zuerst nur an **einer** langen Seite.

Fliegende Galoppwechsel

oder

Seven Steps To Heaven

Das Training für fliegende Wechsel ist für jeden fortgeschrittenen Reiter eine echte Herausforderung. Ein Pferd, das auf den Punkt korrekt wechselt, zeigt einen anerkennenswerten Ausbildungsstand. Resultiert dies aus der Arbeit eines bestimmten Reiters, so steht diesem die Anerkennung zu.

Jedes Pferd kann das erlernen, doch manche bieten es eher an. Solche Pferde haben auf Grund ihres Gebäudes eine gute Balance im Galopp. Pferde, die keine so guten Voraussetzungen haben, brauchen länger in der Ausbildung. Ein Trainingsabschitt, der auf fliegende Wechsel abzielt, kann mehrere Wochen bis mehrere Jahre dauern.

Es geht nicht darum, dass das Pferd irgendwie wechselt, sondern vielmehr darum, dass es alle notwendigen Ausbildungsschritte gelernt hat, die es physisch und psychisch in die Lage versetzen, fliegende Wechsel gelassen ausführen zu können.

Dazu gehört wie immer Gymnastik, aber auch Disziplin von Reiter und Pferd. Bestimmte Übungen müssen eine Zeit lang zum täglichen Repertoire der Trainingseinheiten werden.

Als prinzipielle Voraussetzungen für diesen Trainingsabschnitt sollten vorhanden sein:

Ein gefestigter Handgalopp: Das Pferd muss einen „runden" im Grundtempo gefestigten Galopp entspannt ausführen können.

Sicheres Angaloppieren: Das Pferd muss gelernt haben, anhand der reiterlichen Einwirkung zu erkennen, welcher Handgalopp erwartet wird und diesen willig aufnehmen.

Das Trainingsprogramm sollte folgende Elemente enthalten:

Angaloppieren in bislang ungewohnten Situationen: Das Pferd muss lernen, den gewünschten Handgalopp aufzunehmen, obwohl die Situation dies nicht erkennen lässt oder dagegen spricht.

Außengalopp: Das Pferd muss lernen, den gewünschten Galopp gelassen beizubehalten, obwohl es nach seinem Gefühl „verkehrt herum" in der Bahn läuft.

Nachgiebigkeit in der Körperposition, vor allem in der Hüfte: Das Pferd muss eine betonte Körperposition (Hüfte nach Innen) willig einnehmen, beibehalten und auf Aufforderung zügig ändern.

Körperbeherrschung des Reiters: Der Reiter muss lernen, seinen Sitz so präzise auszuüben, dass das Pferd in jedem Augenblick Sicherheit hat, welcher Galopp gewünscht wird.

Rhythmusgefühl des Reiters: Der Reiter muss sein Gefühl für den Galopprhythmus und die Galopp-Phasen weiter entwickeln, um die Hilfen in der richtigen Phase der Bewegung geben zu können.

Methodik:

Der Ausbildungsweg muss kleine, logisch aufeinander folgende Schritte beinhalten. An jeder Stelle, an der Schwierigkeiten auftauchen, ist es ratsam, einen Schritt zurück zu gehen.

Die Ausbildungswege dazu sind verschieden. Sie richten sich sehr nach dem Pferd, aber auch nach den Erfahrungen des Ausbilders und nach der Reitdisziplin, falls der Turniereinsatz das Ziel ist.
Wir schlagen im Folgenden Übungen für zwei Ausbildungswege vor, die teilweise austauschbar sind. Mit einem begabten Pferd lassen sich einige Schritte auch überspringen, mit einem Pferd, das sich schwerer tut, müssen noch Zwischenschritte eingebaut werden.

Die moderne Methode beruht grundsätzlich auf folgender Erfahrung:
Ein Pferd, das gefestigt im Handgalopp ist, fühlt sich etwas unwohl in einer Außengalopp-Situation. Es ist also eher zum fliegenden Wechsel motiviert, wenn es vom Außengalopp zum Handgalopp wechseln darf. Bis dahin muss es gelernt haben, einen bestimmten Galopp auch dann beizubehalten, wenn er sich unnatürlich anfühlt.
Natürlich sollten die Außengalopp-Übungen nicht übertrieben lange geritten werden, um dem Pferd nicht sein natürliches Gefühl für den richtigen Galopp abzugewöhnen.

Zwei Ausbildungswege werden hier vorgeschlagen:

1. Ausbildungsweg zum Wechseln auf geraden Linien.
   Diese Methode lehnt sich mehr an die Erfordernisse der Disziplinen Western Horsemanship und Western Riding an.
   Die Übungen ab Seite 64 zeigen einen Ausbildungsweg für fliegende Wechsel auf geraden Linien.

2. Ausbildungsweg zum Wechseln auf gebogenen Linien.
   Diese Methode ist mehr auf die Erfordernisse der Disziplin Reining ausgerichtet.
   Die Übungen ab Seite 86 beschreiben den Ausbildungsweg für fliegende Wechsel auf gebogenen Linien mit der Perspektive Reining.

Schenkelweichen im Schritt und Jog

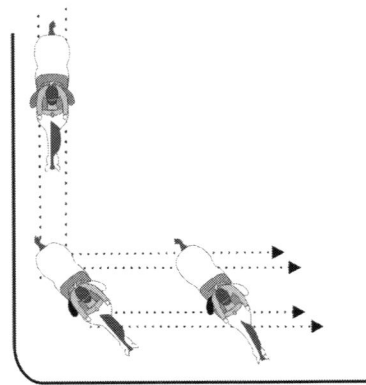

Beginne mit dem Schenkelweichen im Schritt und achte darauf, dass dein Pferd relativ gerade gestellt ist.

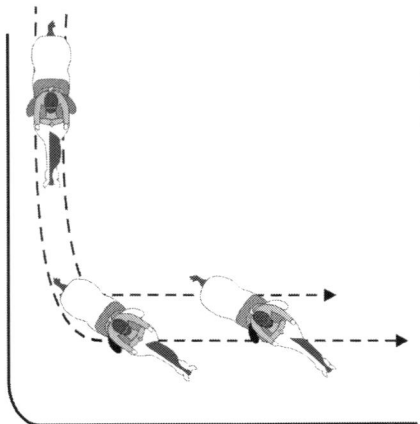

Führe das Schenkelweichen jetzt im Jog aus. Stelle dein Pferd dabei in einen geringeren Winkel zur Bande.

Galopp-Travers   Galopp Traversalen

Diese Übungen nochmals wiederholen!

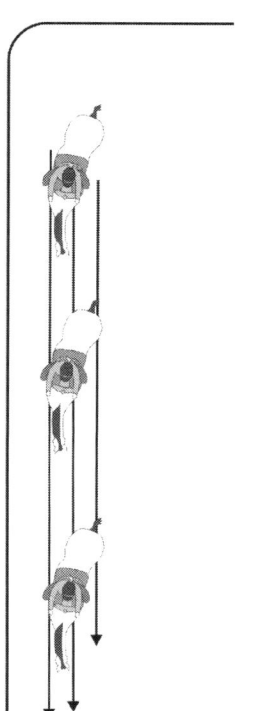
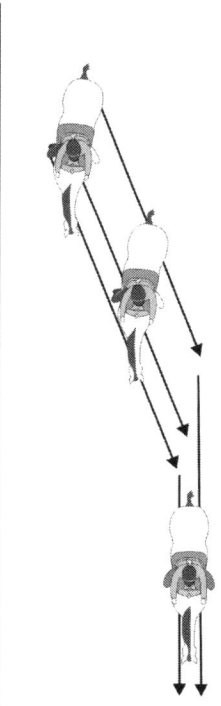

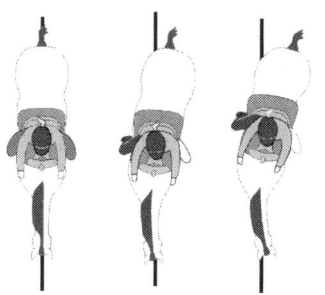

Worauf kommt es an?

Du musst dein Pferd noch stärker in die Position „Hüfte nach Innen" stellen.

Traversalen durch die halbe Bahn

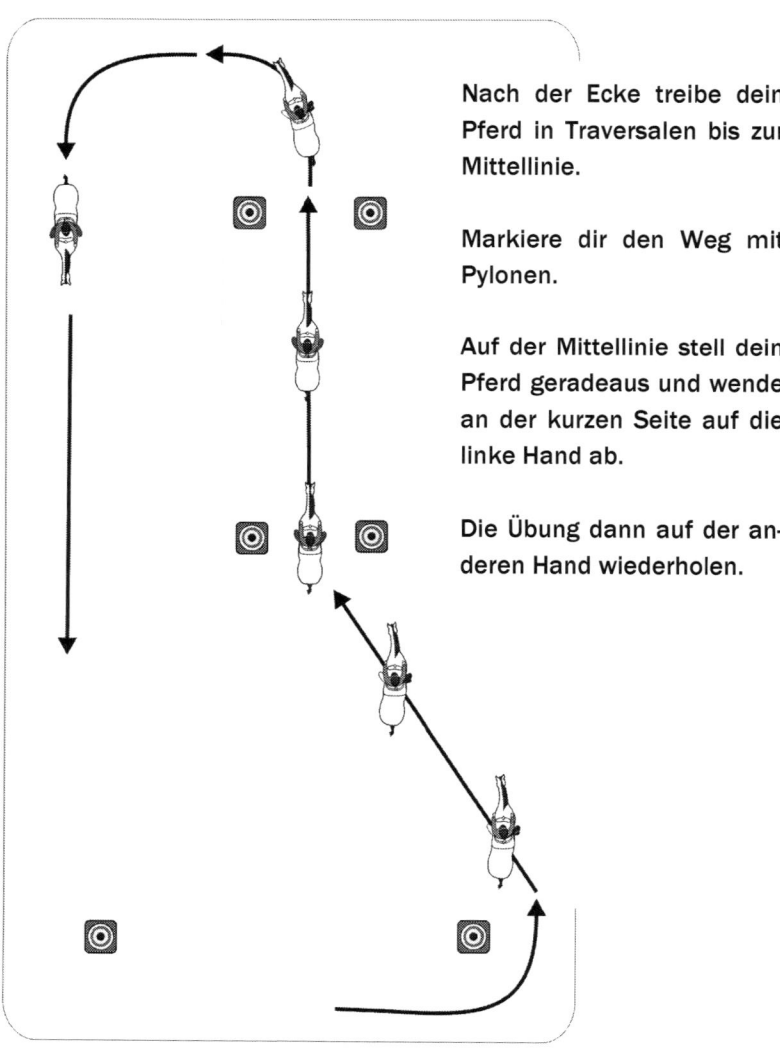

Nach der Ecke treibe dein Pferd in Traversalen bis zur Mittellinie.

Markiere dir den Weg mit Pylonen.

Auf der Mittellinie stell dein Pferd geradeaus und wende an der kurzen Seite auf die linke Hand ab.

Die Übung dann auf der anderen Hand wiederholen.

Angaloppieren auf der Mittellinie

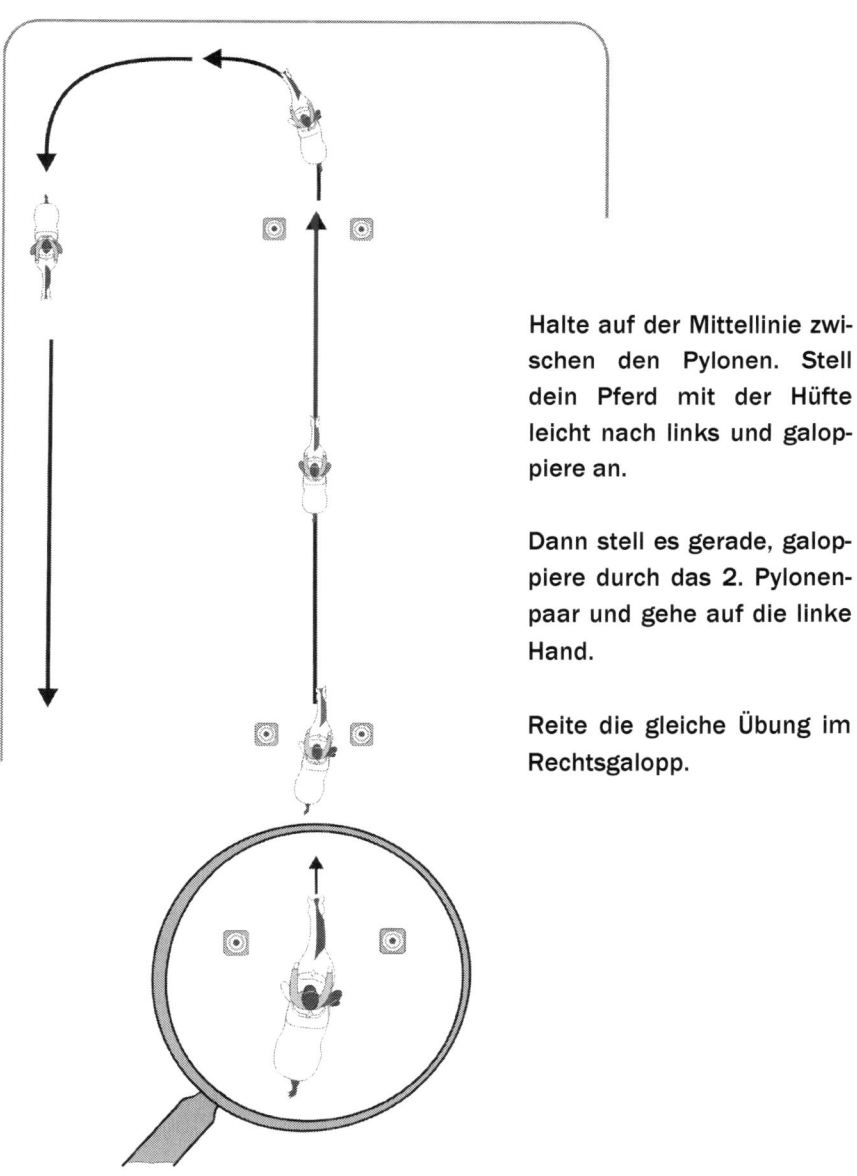

Halte auf der Mittellinie zwischen den Pylonen. Stell dein Pferd mit der Hüfte leicht nach links und galoppiere an.

Dann stell es gerade, galoppiere durch das 2. Pylonenpaar und gehe auf die linke Hand.

Reite die gleiche Übung im Rechtsgalopp.

Angaloppieren auf der „falschen" Hand

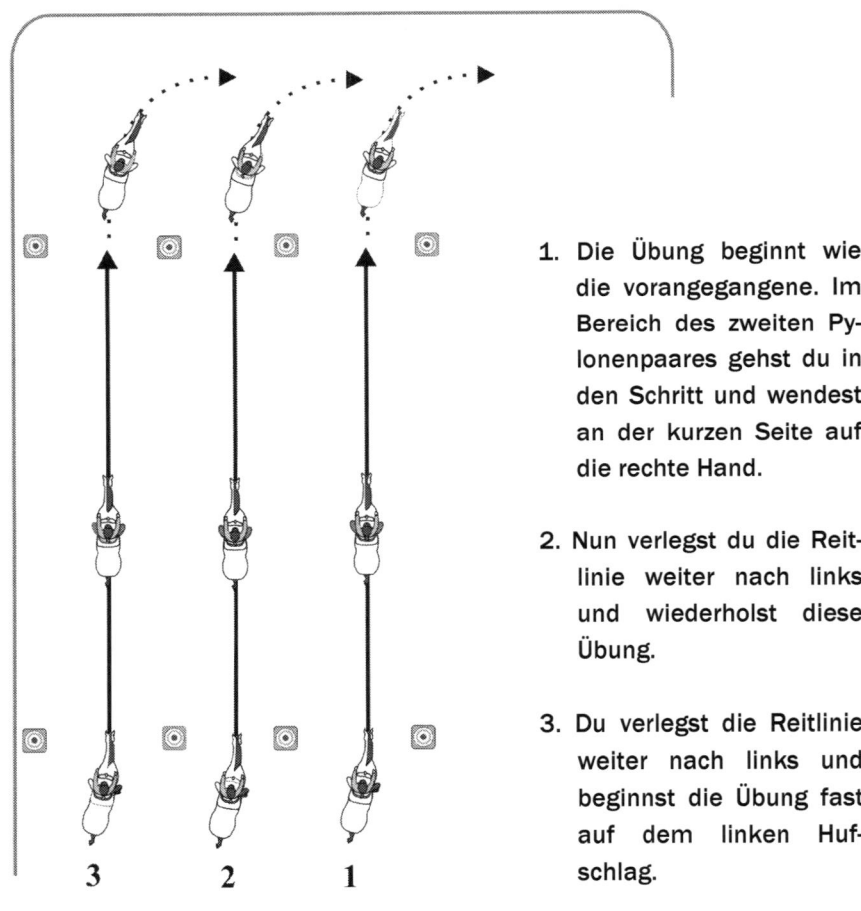

1. Die Übung beginnt wie die vorangegangene. Im Bereich des zweiten Pylonenpaares gehst du in den Schritt und wendest an der kurzen Seite auf die rechte Hand.

2. Nun verlegst du die Reitlinie weiter nach links und wiederholst diese Übung.

3. Du verlegst die Reitlinie weiter nach links und beginnst die Übung fast auf dem linken Hufschlag.

3   2   1

⇨ Jetzt befindet sich dein Pferd in einer Außengalopp-Situation.

Außengalopp auf der ganzen Bahn

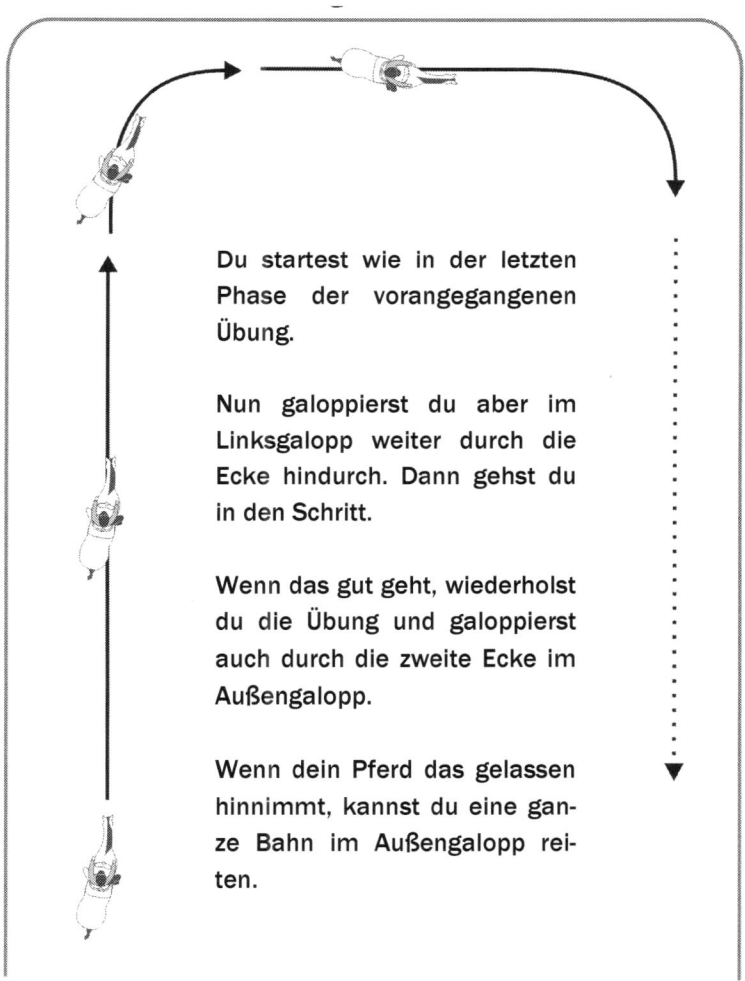

Du startest wie in der letzten Phase der vorangegangenen Übung.

Nun galoppierst du aber im Linksgalopp weiter durch die Ecke hindurch. Dann gehst du in den Schritt.

Wenn das gut geht, wiederholst du die Übung und galoppierst auch durch die zweite Ecke im Außengalopp.

Wenn dein Pferd das gelassen hinnimmt, kannst du eine ganze Bahn im Außengalopp reiten.

Reite zwischen den Wiederholungen entspannt im Schritt.

Außengalopp nach Handwechsel

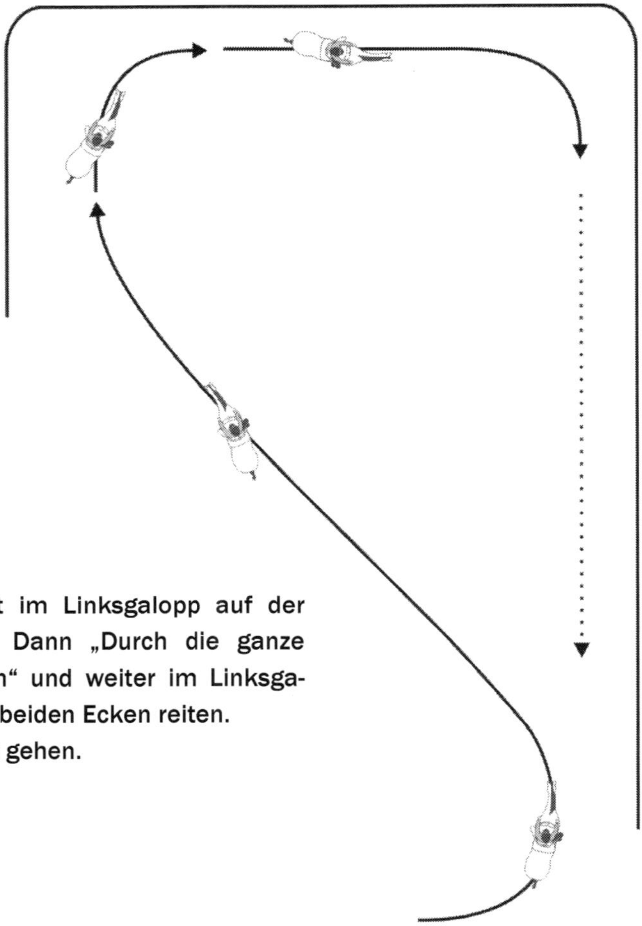

Du galoppierst im Linksgalopp auf der ganzen Bahn. Dann „Durch die ganze Bahn wechseln" und weiter im Linksgalopp durch die beiden Ecken reiten.
Danach Schritt gehen.

⇨   Wichtig ist hier die Kontrolle der Hüfte deines Pferdes:
Ab der Wechsellinie halte sowohl die Hüfte als auch die Nase deines Pferdes nach außen!

Außengalopp nach Handwechsel und zurück

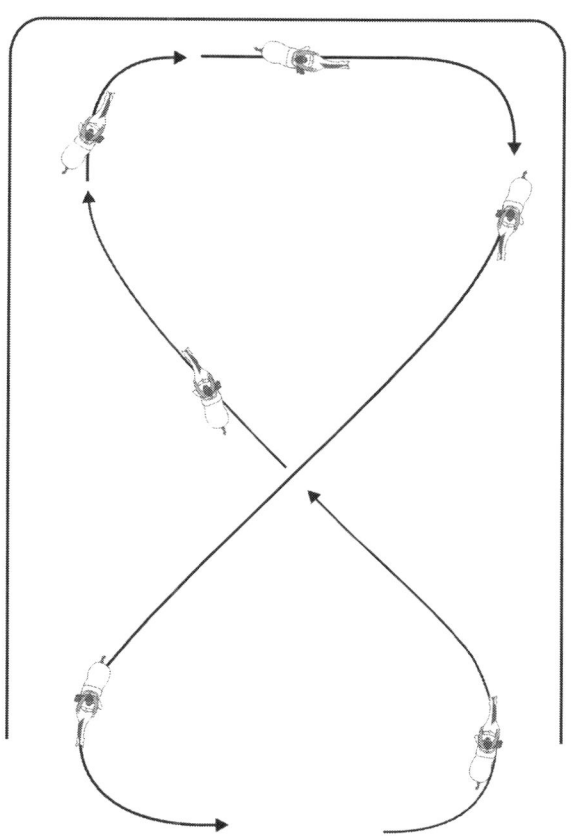

Im Linksgalopp ganze Bahn.

„Durch die ganze Bahn wechseln" und weiter im Linksgalopp durch die beiden Ecken reiten und wieder auf die Wechsellinie gehen.

Bei Ankunft auf dem Hufschlag befindest du dich wieder in einer "normalen" Handgalopp-Situation.

Bewegungsphasen im Rechtsgalopp

Um die Hilfen für den fliegenden Wechsel im richtigen Moment geben zu können, ist es unabdingbar, die Bewegungsphasen im Galopp zu kennen.

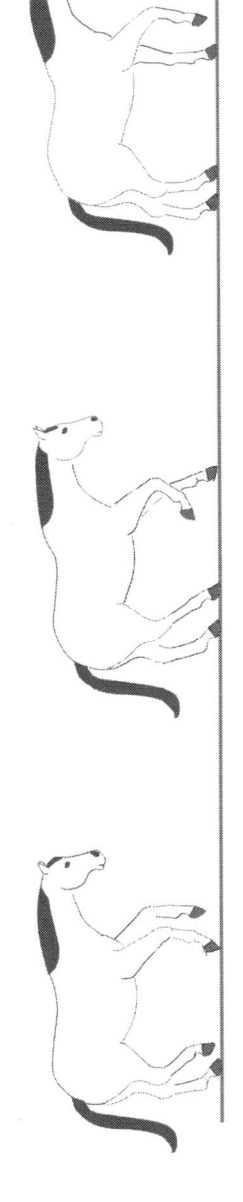

Das Pferd stößt sich hinten links ab und erhebt sich. (Angaloppierphase)

Es landet mit dem diagonalen Beinpaar und ist mit drei Beinen auf dem Boden.

Es schiebt sich auf drei Beinen nach vorne.

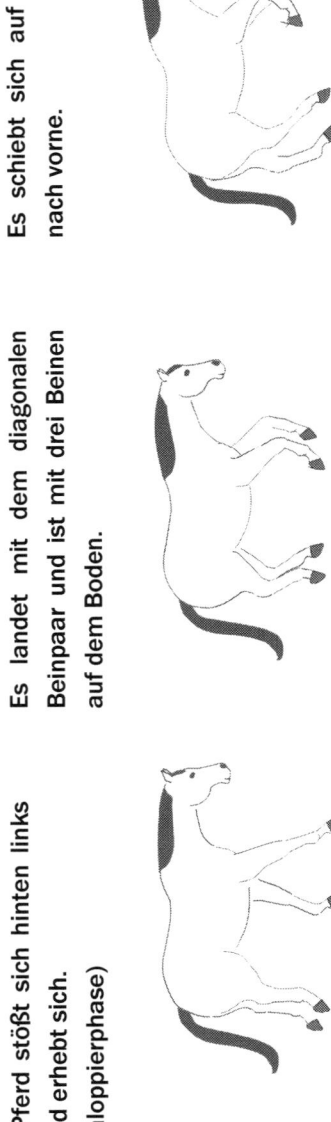

Es hebt sich hinten und hat beide Hinterbeine in der Luft.

Es hat sich vorne abgestoßen und hat alle Beine in der Luft.

Es landet mit dem linken Hinterbein und der Rhythmus beginnt von vorne.

Die führende Seite im Handgalopp

Im Rechtsgalopp greifen bei Bodenberührung das rechte Hinter- und das rechte Vorderbein weiter vor als die beiden linken.

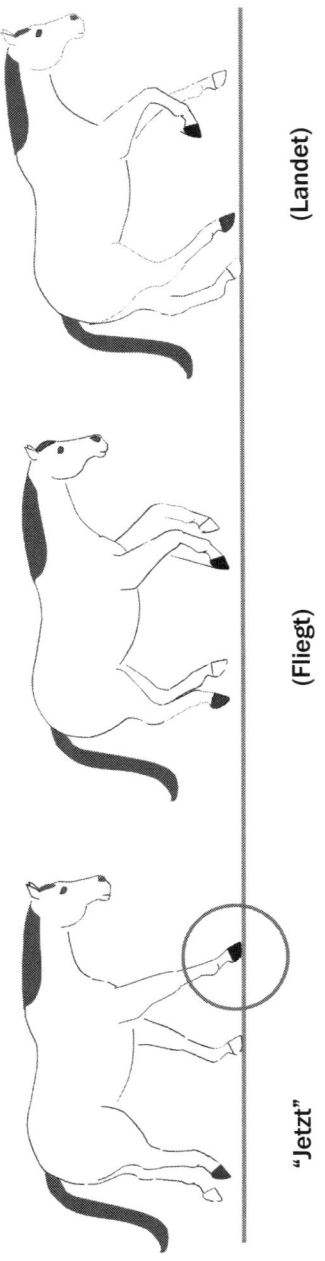

Das führende Vorderbein

Um den richtigen Moment für die Hilfe zum Wechseln zu erkennen, musst du auf die Bodenberührung des führenden Vorderbeins achten. Nachdem dieses Bein auf den Boden gesetzt wurde, erhebt sich das Pferd mit der Hinterhand und ist dann mit allen Beinen über dem Boden. Das ist der Moment, in dem dein Pferd die führende Seite wechseln kann.

"Jetzt"   (Fliegt)   (Landet)

Übe das Erkennen des richtigen Moments, indem du im gleichmäßigen Galopp beim Auffussen des führenden Vorderbeins "Jetzt" sagst und damit in einen gleichmäßigen Rhythmus kommst.

Der Wechsel

Nachdem das führende rechte Vorderbein aufgesetzt hat, gibst du die Hilfen für Linksgalopp, treibst damit die linke Seite vor, dein Pferd landet auf der rechten Seite und schwingt die beiden linken Beine vor. Damit ist es im Linksgalopp.

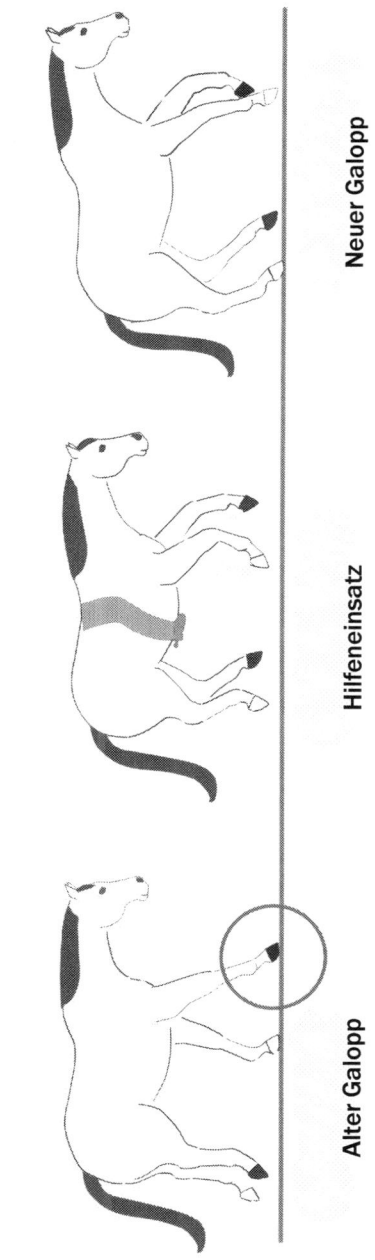

Alter Galopp   Hilfeneinsatz   Neuer Galopp

Jeder neue Galoppsprung beginnt mit der Hinterhand. Deshalb besteht die Hilfengebung hauptsächlich daraus, dass du mit dem zurückgelegten neuen äußeren Schenkel dein Pferd mit der Hüfte auf die neue führende Seite schiebst.

Die Praxis im Detail

Die Galopp-Phasen folgen so schnell aufeinander, dass es besser ist, du konzentrierst dich nur auf den Rhythmus des führenden Vorderbeins. Zähle jetzt so:

"Eins" - "Zwei" - "Drei" - "Und" (Umsitzen, bisheriger aktiver Schenkel weg) - "Hopp" (Neuer aktiver Schenkel gibt Impuls!)

Hier ist jeweils ein Galoppsprung gezeichnet:

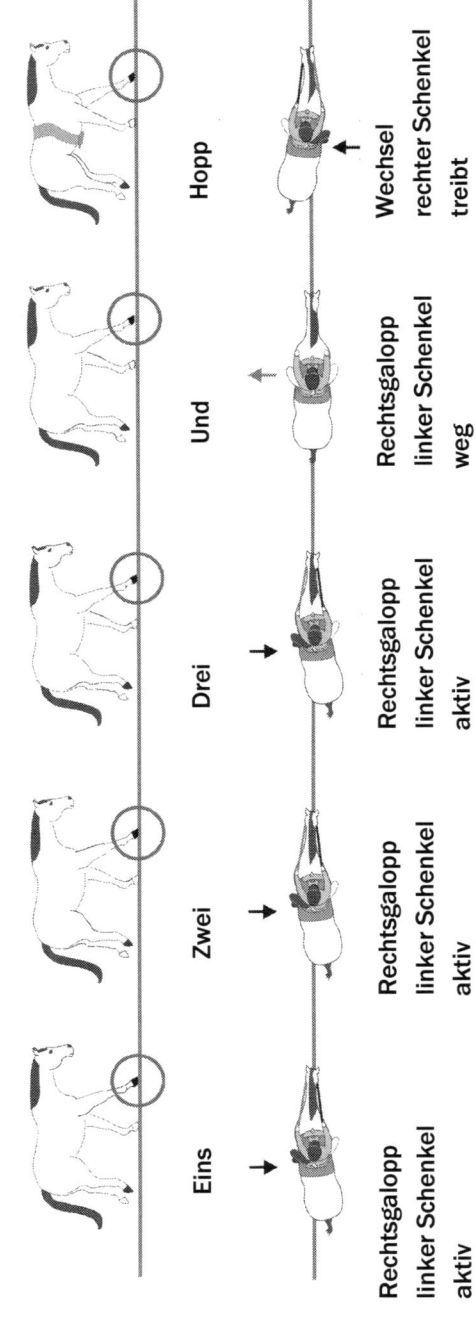

Eins	Zwei	Drei	Und	Hopp
Rechtsgalopp linker Schenkel aktiv	Rechtsgalopp linker Schenkel aktiv	Rechtsgalopp linker Schenkel aktiv	Rechtsgalopp linker Schenkel weg	Wechsel rechter Schenkel treibt

76

„Durch die ganze Bahn wechseln" mit Wechsel

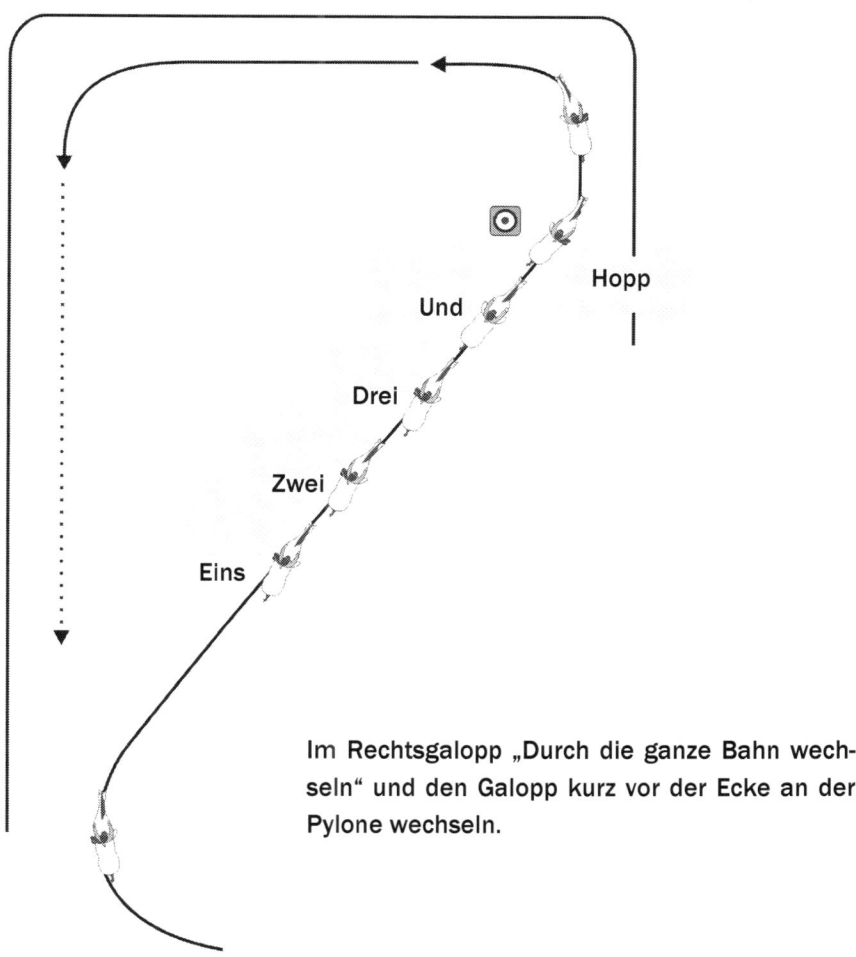

Hopp

Und

Drei

Zwei

Eins

Im Rechtsgalopp „Durch die ganze Bahn wechseln" und den Galopp kurz vor der Ecke an der Pylone wechseln.

Vielleicht wird dein Pferd bei den ersten fliegenden Wechseln etwas schneller und es versucht, dem Schenkeldruck durch Tempo auszuweichen.

Deshalb ist es empfehlenswert, nach jedem gelungenen Wechsel anzuhalten und das Pferd zu loben. Es wird dadurch den Wechsel mit etwas Angenehmen verbinden.

„Durch die ganze Bahn wechseln" im Detail

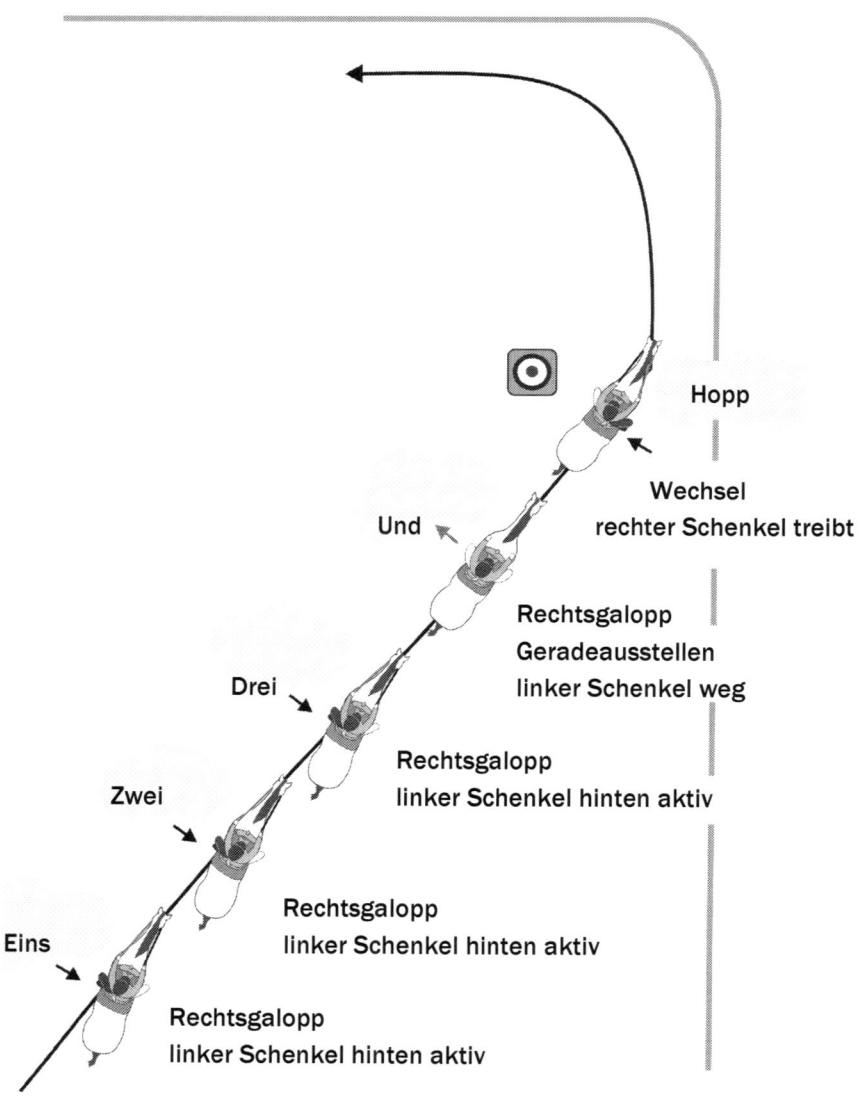

Hopp

Wechsel
rechter Schenkel treibt

Und

Rechtsgalopp
Geradeausstellen
linker Schenkel weg

Drei

Rechtsgalopp
linker Schenkel hinten aktiv

Zwei

Rechtsgalopp
linker Schenkel hinten aktiv

Eins

Rechtsgalopp
linker Schenkel hinten aktiv

Außengalopp und Wechsel vor der Ecke

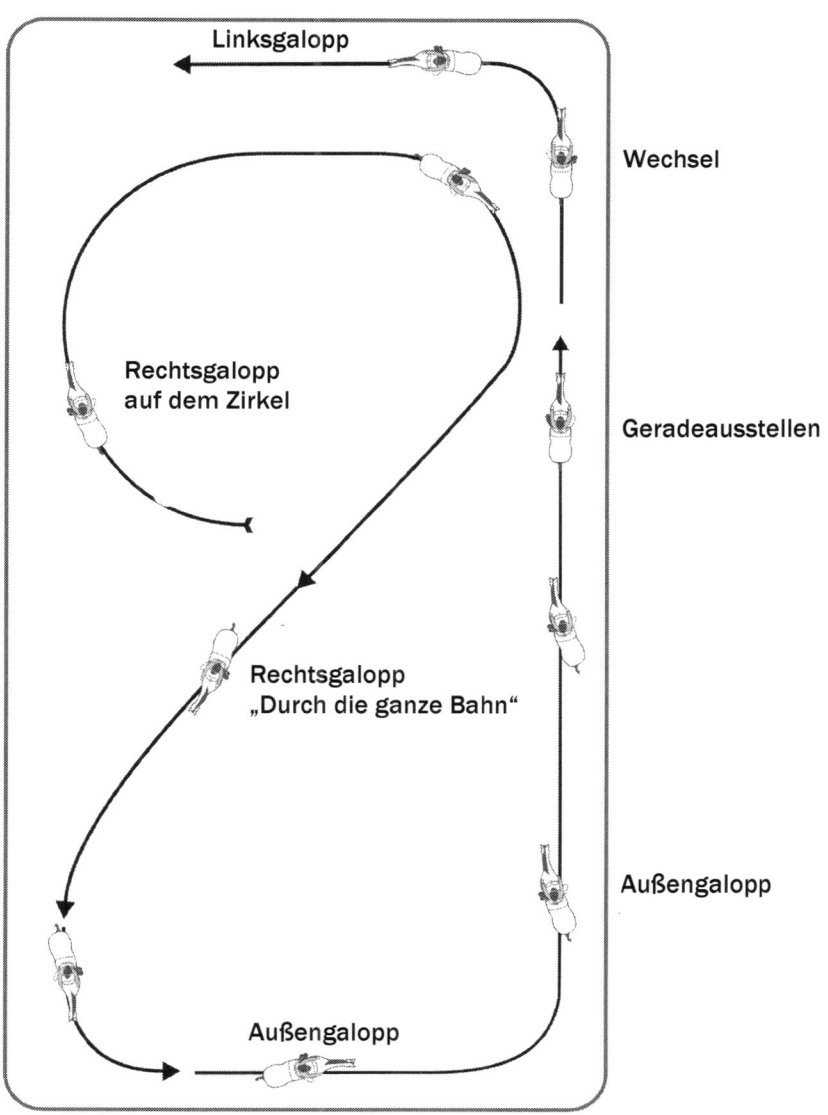

Linksgalopp

Wechsel

Rechtsgalopp
auf dem Zirkel

Geradeausstellen

Rechtsgalopp
„Durch die ganze Bahn"

Außengalopp

Außengalopp

Wechsel vom Außengalopp in den Außengalopp

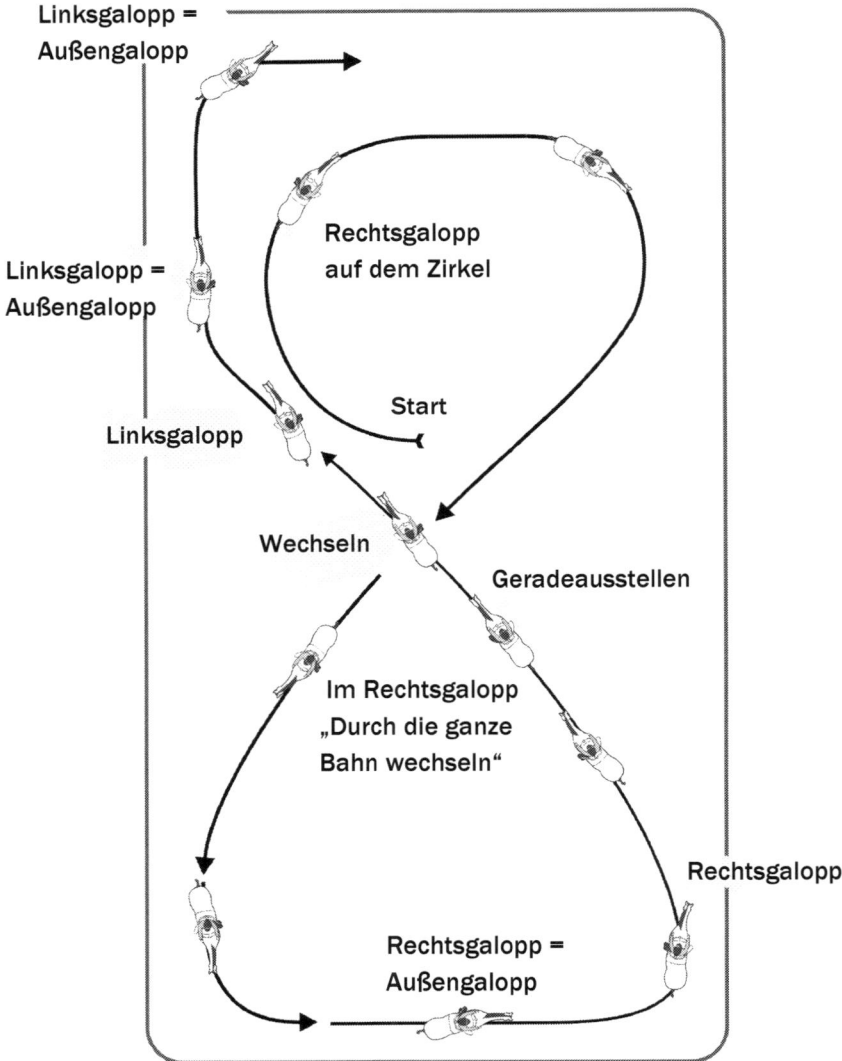

Linksgalopp =
Außengalopp

Linksgalopp =
Außengalopp

Rechtsgalopp
auf dem Zirkel

Linksgalopp

Start

Wechseln

Geradeausstellen

Im Rechtsgalopp
„Durch die ganze
Bahn wechseln"

Rechtsgalopp

Rechtsgalopp =
Außengalopp

⇨ Diese Aufgabe erfordert starke Kontrolle über den gewünschten Galopp. Du solltest die Übung, wenn sie willig ausgeführt wird, nur einmal auf jeder Hand abfragen.

Wenn es Schwierigkeiten gibt

Bei den vorherigen Übungen lernte dein Pferd, seine Beine zu „sortieren". Das dauert bei manchen Pferden länger. Es ist keine Katastrophe, wenn dein Pferd manchmal nicht wechselt oder nur vorne wechselt (= Kreuzgalopp), solange du ruhig bleibst.

Das Wichtigste ist, stets **völlig emotionslos** zu bleiben. Wenn du und dein Pferd sich aufregen, ist es erforderlich, die jeweilige Übung abzubrechen und zu einfacheren Übungen zurückzukehren.

Hier ist eine Übung, die deinem Pferd das Wechseln erleichtert:
Du legst eine Bodenstange leicht erhöht vor die Ecke und wechselst dein Pferd über der Stange.

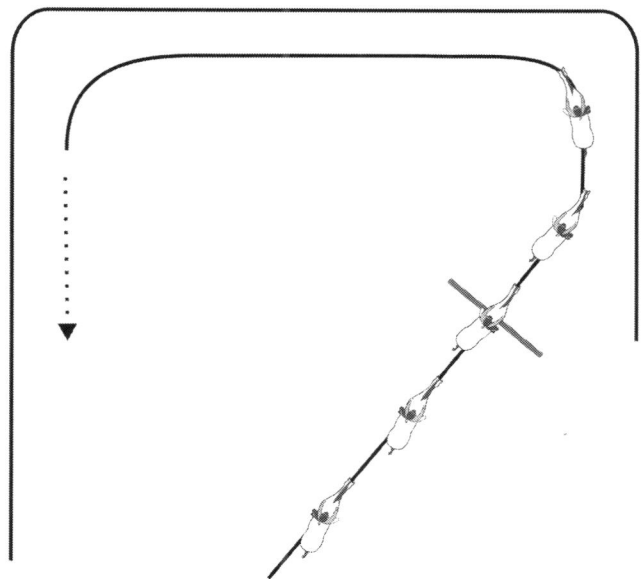

⇨ Durch den Sprung über die Bodenstange verlängert sich die Schwebephase und dein Pferd bekommt mehr Zeit, seine Beine zu sortieren.

Zurück zu grundsätzlichen Übungen

Grundsätzlich solltest du bei Schwierigkeiten wieder vermehrt an der Schenkelnachgiebigkeit und damit an der Kontrolle der Hüfte deines Pferdes arbeiten.

Übung zum Hüfte-Weichen

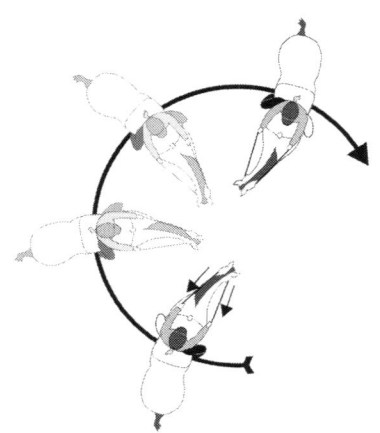

Ähnlich wie beim Schenkelweichen, treibe dein Pferd im Schritt in einem Kreis herum, so dass die Hinterhand deutlich dem zurückgelegten Schenkel ausweicht.

Übungen um das Pferd nach innen und nach außen zu verschieben

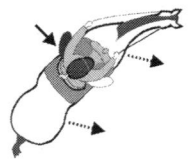

Du musst dein Pferd in allen Gangarten in jede Richtung verschieben können. Wiederhole die früheren Übungen „Schenkelweichen im Schritt und Jog", „Galopp-Travers" und „Galopp-Traversalen".

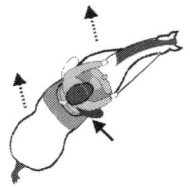

⇨ **Lass dir bei aufkommenden Schwierigkeiten von einem erfahrenen Reiter oder Trainer helfen!**

Traversalen mit Wechsel

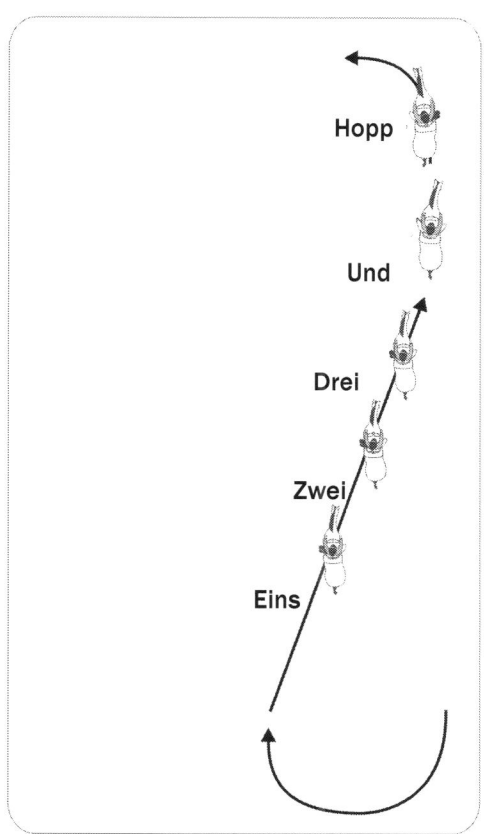

Ganze Bahn im Galopp.

„Aus der Ecke kehrt", dann auf einer langen Linie zum Hufschlag zurück traversieren.

Beim Ankommen auf dem Hufschlag wechselst du.

Achte auf den Rhythmus!

⇨ Diese Übung bringt dich und dein Pferd dem Ziel näher, auf einer geraden Linie zu wechseln.

Wechsel bei „Viereck-verkleinern/vergrößern"

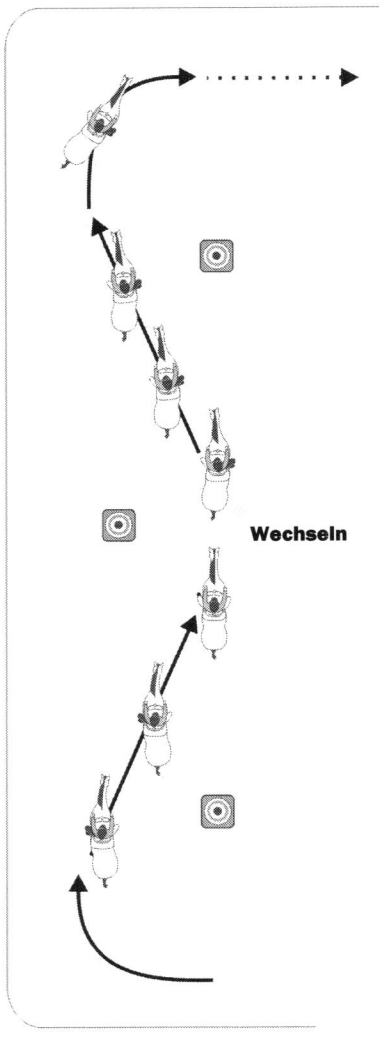

Wechseln

Du reitest im Galopp auf der ganzen Bahn.

Neben dem 1. Pylonen traversierst du in Richtung Bahn-Mitte.

Neben dem 2. Pylonen wechselst du und traversierst zum Hufschlag zurück.

Im Außengalopp weiterreiten, dann zum Schritt durchparieren.

Wechsel zwischen Pylonen

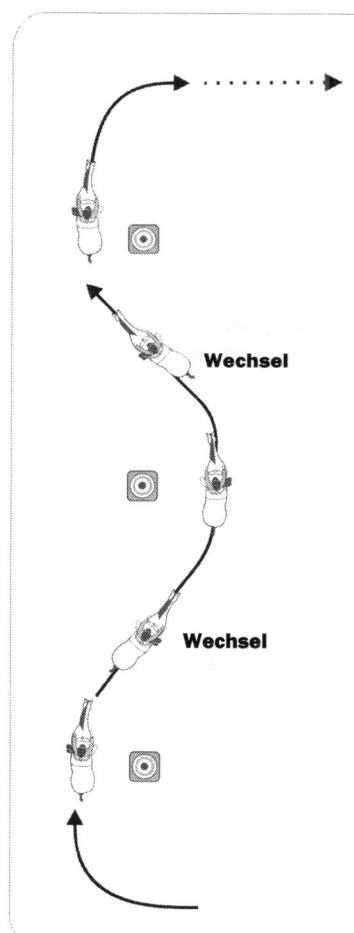

Du reitest im Galopp auf der ganzen Bahn.

Neben dem 1. Marker beginnst du dein Pferd umzustellen und wechselst zwischen den Markern.

Um den 2. Marker reitest du wie auf einer halben Volte, stellst wieder um und wechselst zwischen den beiden Markern.

Der Bereich zwischen den Markern soll für eine kurze Strecke (Wechsel-bereich) eine Gerade sein.
Anschließend das Pferd Schritt gehen lassen.

⇨ Diese Übung bereitet unmittelbar auf das Training der Disziplin „Western Riding" vor.

Die folgenden Übungen beschreiben einen Ausbildungsweg für fliegende Wechsel auf gebogenen Linien mit der Perspektive Reining.

Volten in direkter und Konter-Biegung

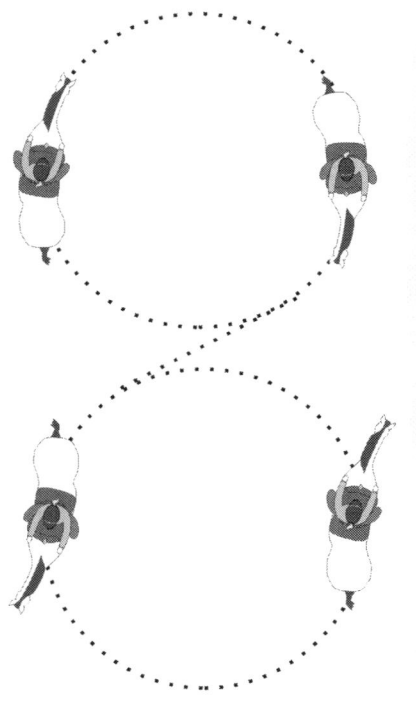

1. Reite mehrere ganze Volten im Schritt.

2. Dann reite eine „8", aber behalte dein Pferd auf der neuen Volte weiterhin in der alten Biegung.

Wenn diese Übung problemlos im Schritt klappt, führe sie mit etwas größeren Volten im Jog aus.

Travers und Traversale mit Zirkel im Außengalopp

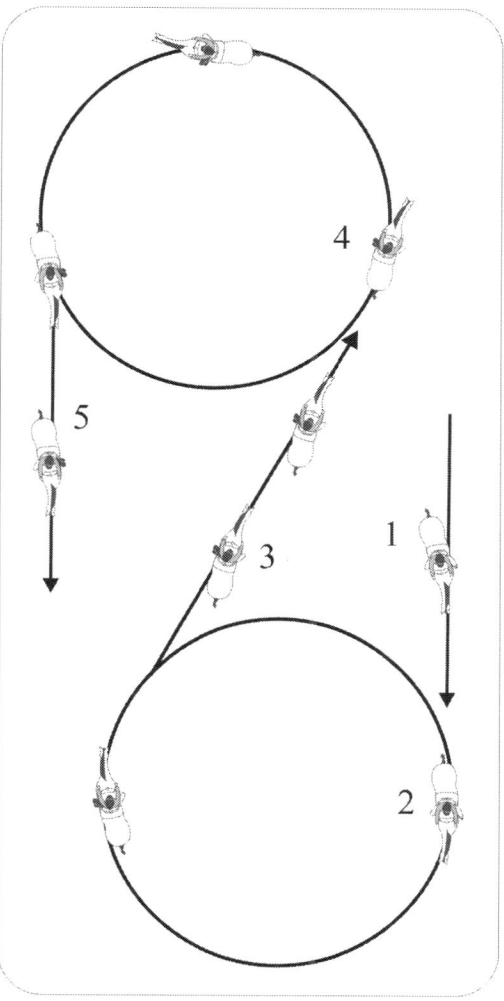

1. Galoppiere auf der langen Seite im Travers.

2. Reite einen Zirkel in normaler Biegung.

3. „Aus dem Zirkel wechseln" im Travers (ohne **Galoppwechsel!**).

4. Einen Zirkel in Konterbiegung (im Außengalopp) galoppieren.

5. Den Zirkel im Außengalopp verlassen und in Schritt gehen.

Die Kopfstellung ändern ohne Galoppwechsel

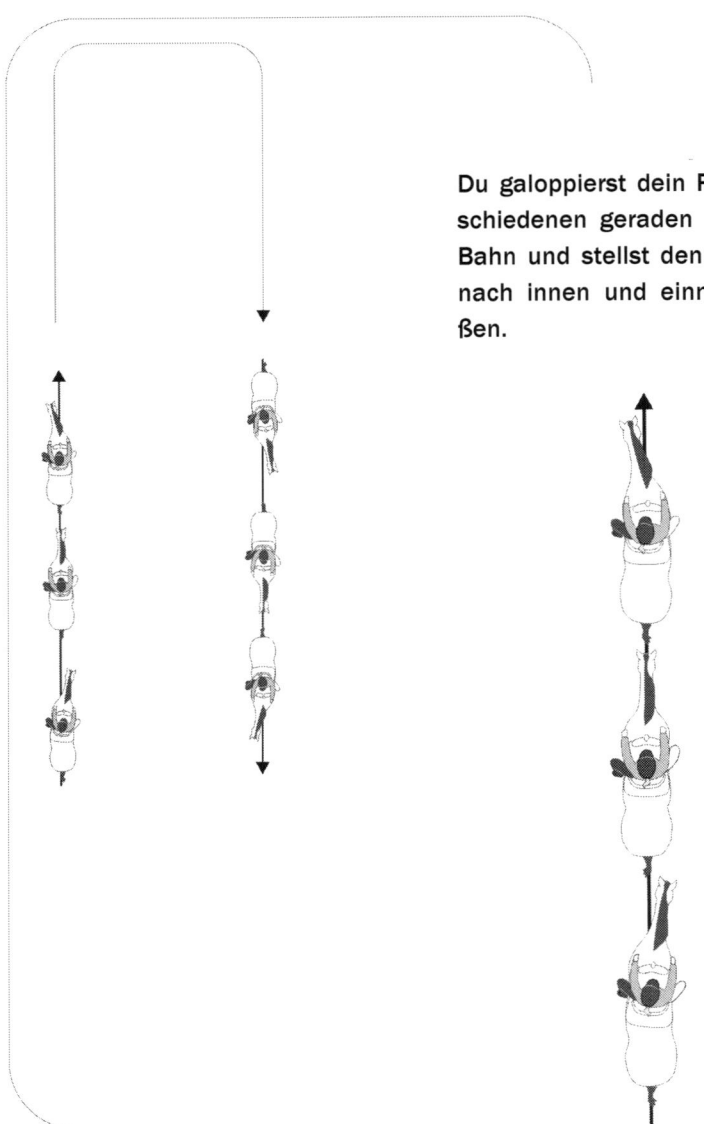

Du galoppierst dein Pferd auf verschiedenen geraden Linien in der Bahn und stellst den Kopf einmal nach innen und einmal nach außen.

Kopfstellung ändern auf gebogenen Linien

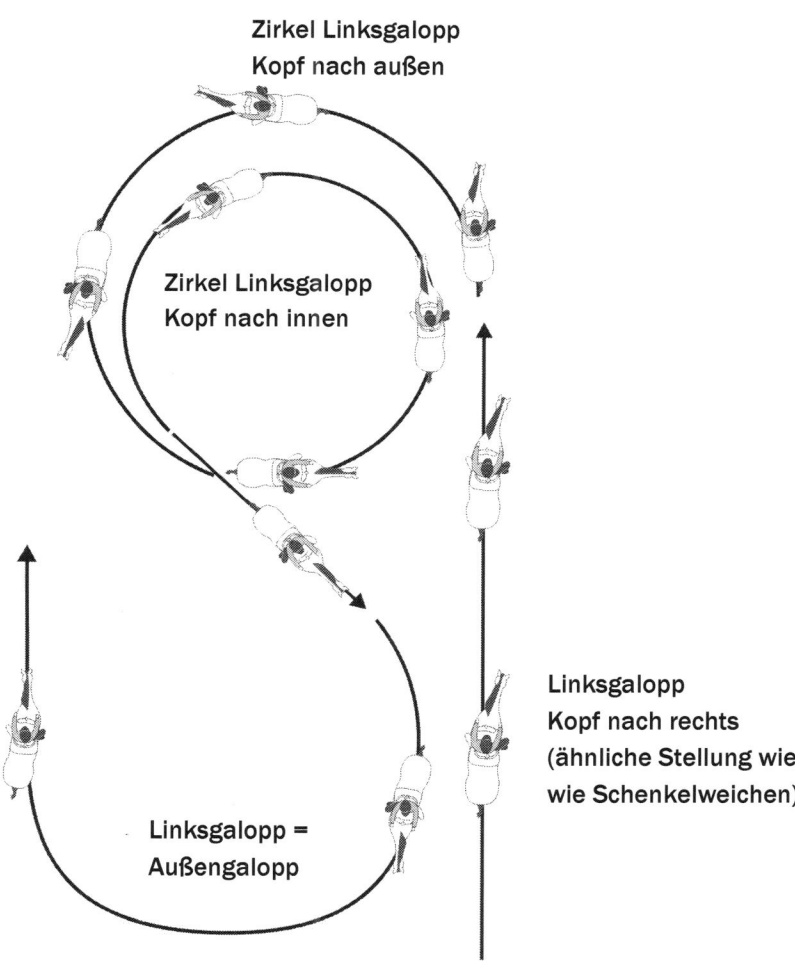

Zirkel Linksgalopp
Kopf nach außen

Zirkel Linksgalopp
Kopf nach innen

Linksgalopp
Kopf nach rechts
(ähnliche Stellung wie
wie Schenkelweichen)

Linksgalopp =
Außengalopp

Eine „8" ohne Wechsel

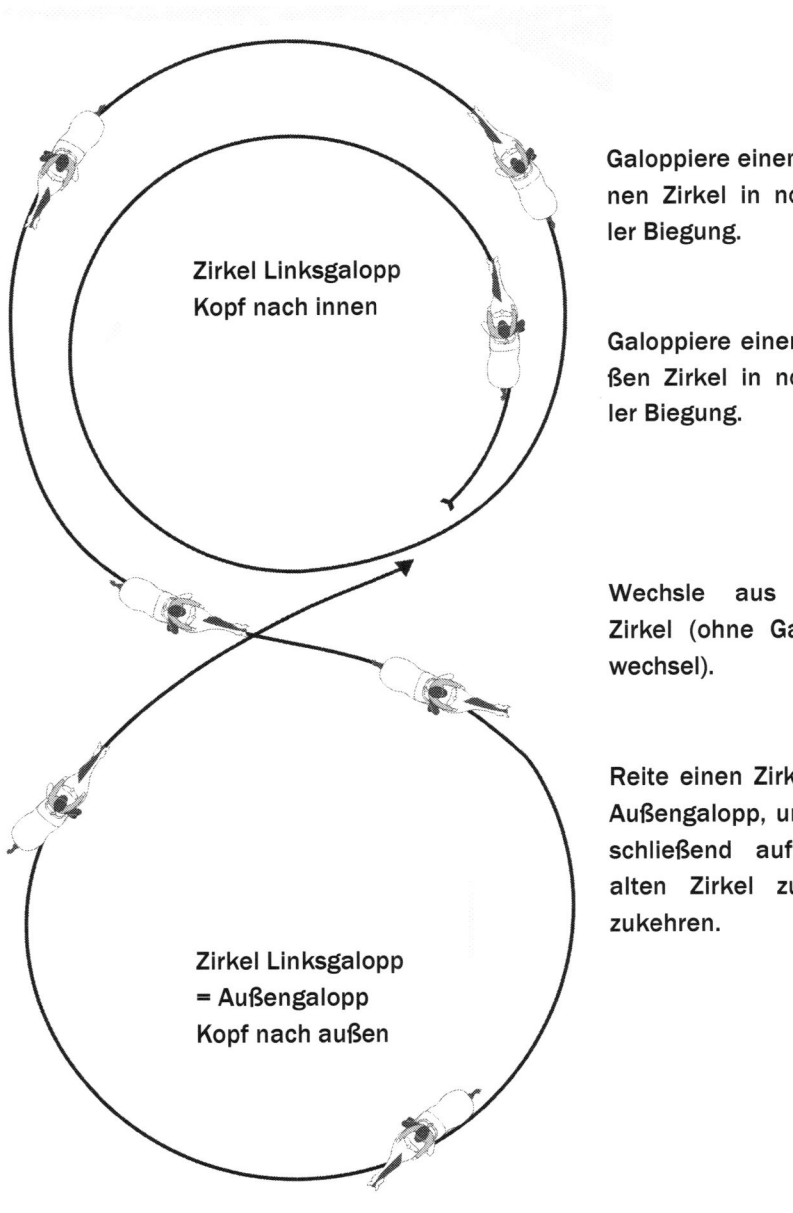

Zirkel Linksgalopp
Kopf nach innen

Zirkel Linksgalopp
= Außengalopp
Kopf nach außen

Galoppiere einen klei-
nen Zirkel in norma-
ler Biegung.

Galoppiere einen gro-
ßen Zirkel in norma-
ler Biegung.

Wechsle aus dem
Zirkel (ohne Galopp-
wechsel).

Reite einen Zirkel im
Außengalopp, um an-
schließend auf den
alten Zirkel zurück-
zukehren.

⇨ Bevor du die nächsten Übungen beginnst, beschäftige dich mit den Kapiteln: „Bewegungsphasen", „Führende Seite", „Führendes Vorderbein", „Der Wechsel" und „Praxis im Detail" (Seite 72 – 76)

Wechseln auf einem Zirkel

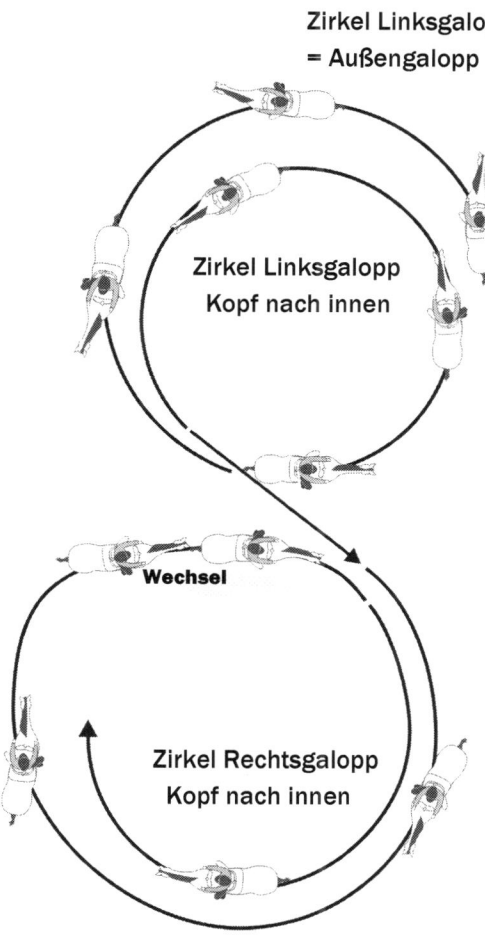

Zirkel Linksgalopp
= Außengalopp

Zirkel Linksgalopp
Kopf nach innen

Wechsel

Zirkel Rechtsgalopp
Kopf nach innen

Zirkel Linksgalopp
Kopf nach außen

Galoppiere einen Zirkel mit dem Kopf nach außen, dann mit dem Kopf nach innen.

Jetzt wechsle aus dem Zirkel (ohne Galoppwechsel) und galoppiere im Außengalopp einen Zirkel.

Auf der Mitte zwischen den Zirkeln reitest du ein Stück gerade und wechselst den Galopp.

Dann galoppierst du einen Zirkel in normaler Biegung.

Detail: Wechseln auf einem Zirkel

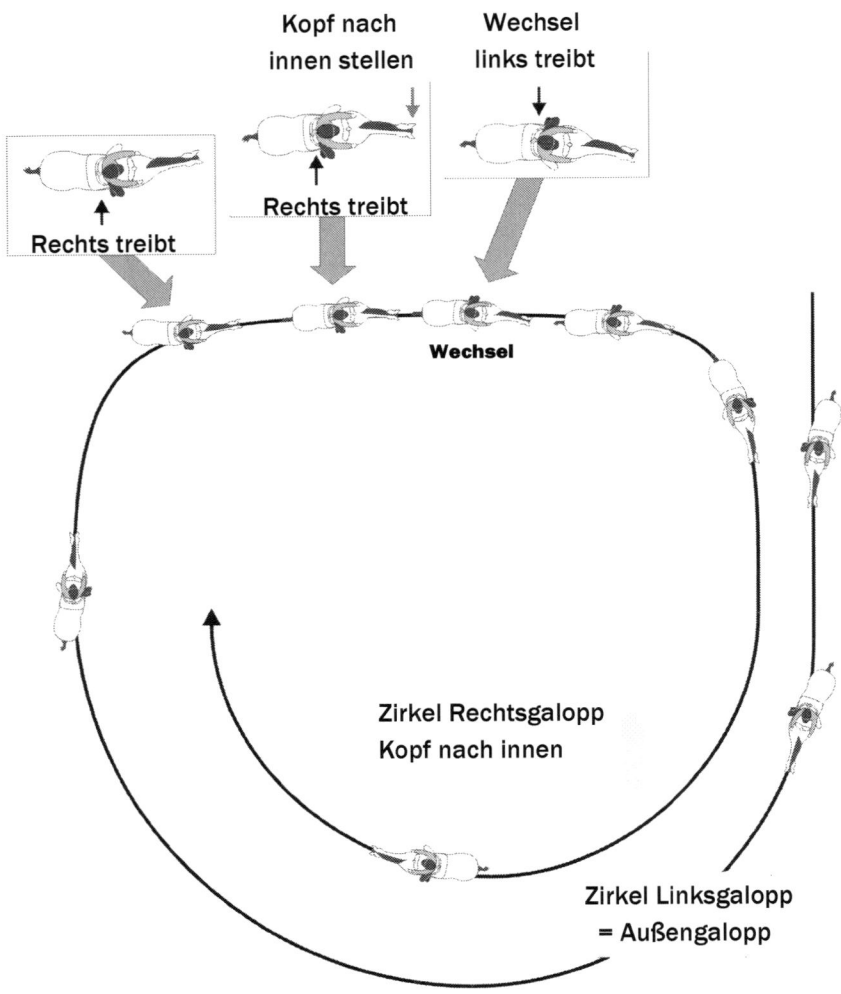

Kopf nach
innen stellen

Wechsel
links treibt

Rechts treibt

Rechts treibt

Wechsel

Zirkel Rechtsgalopp
Kopf nach innen

Zirkel Linksgalopp
= Außengalopp

Wechseln auf der „8"

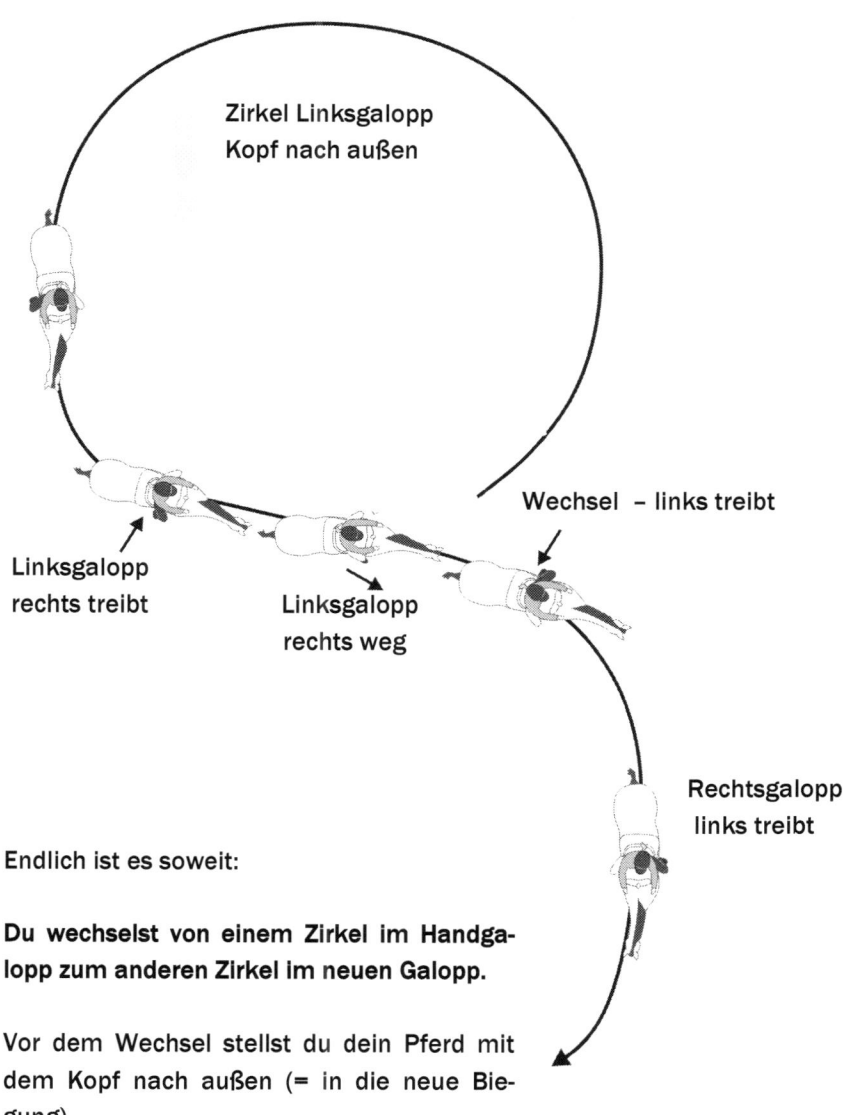

Zirkel Linksgalopp
Kopf nach außen

Wechsel – links treibt

Linksgalopp
rechts treibt

Linksgalopp
rechts weg

Rechtsgalopp
links treibt

Endlich ist es soweit:

Du wechselst von einem Zirkel im Handgalopp zum anderen Zirkel im neuen Galopp.

Vor dem Wechsel stellst du dein Pferd mit dem Kopf nach außen (= in die neue Biegung).

Variationen beim Wechseln auf der „8"

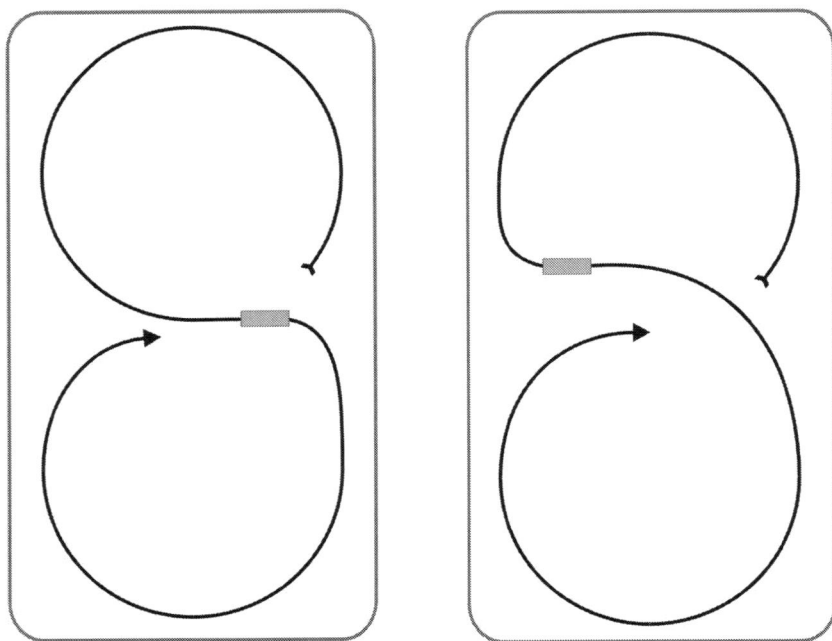

Wenn dein Pferd beginnt, den Wechsel im Mittelpunkt voraus zu ahnen, und ihn ausführt, ohne auf deine Hilfen zu warten, dann ist es an der Zeit, den Wechsel deutlich vor oder hinter die Mittellinie zu legen.

Wechselt dein Pferd weiterhin, ohne dass du die Hilfen dafür gegeben hast, dann gehe in den Jog oder Schritt und galoppiere im Außengalopp einige Zirkel. Das lehrt dein Pferd, auf die Wechselhilfen zu warten.

Bewältigung von Problemen

⇨ Bleibe stets, bei allem, was dein Pferd macht, völlig *emotionslos*. Nur wer sich selbst unter Kontrolle hat, kann sein Pferd kontrollieren!

Mögliche Ansatzpunkte bei Schwierigkeiten:

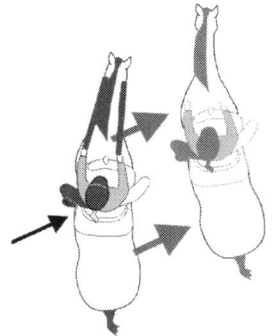

Dein Pferd wechselt nicht:

Du verstärkst die Hilfengebung.
Stell dir vor, du wolltest im Moment des Wechsels dein ganzes Pferd in die neue Richtung verschieben.

Dein Pferd wird heftig, wenn es den Moment des Wechsels ahnt:

Lege mehr Pausen ein, geh längere Zeit im Schritt zwischen den Übungen.
Arbeite in langsamen Bewegungen an der Schenkelnachgiebigkeit.
Wiederhole die Übungen im Außengalopp.

Dein Pferd bleibt gelassen, aber es wechselt nicht:

Erhöhe das Tempo des Galopps, bevor du wechselst.
Gib deinem Pferd einen Klaps mit dem Zügelende oder benutze eine Gerte für das Wechseln.
Wenn es gewechselt hat, gönn ihm eine Pause.

Wechseln aus einem kleinen Zirkel

Wenn das Wechseln aus dem großen Zirkel ganz gut klappt, kannst du aus dem kleinen Zirkel wechseln.

Das Tempo auf dem kleinen Zirkel sollte zunächst das gleiche (Grund-) Tempo haben wie auf dem großen Zirkel.

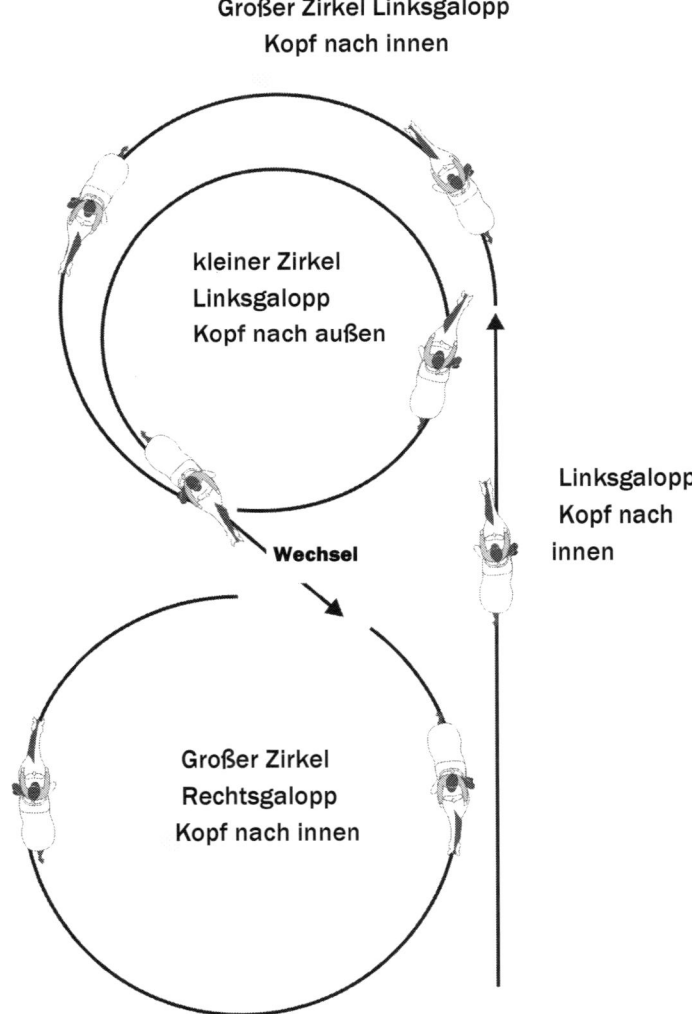

Großer Zirkel Linksgalopp
Kopf nach innen

kleiner Zirkel
Linksgalopp
Kopf nach außen

Wechsel

Linksgalopp
Kopf nach
innen

Großer Zirkel
Rechtsgalopp
Kopf nach innen

Wechseln vom Außengalopp in den Außengalopp

Die folgende Übung stellt sehr hohe Anforderungen an die Durchlässigkeit und den Gehorsam deines Pferdes:

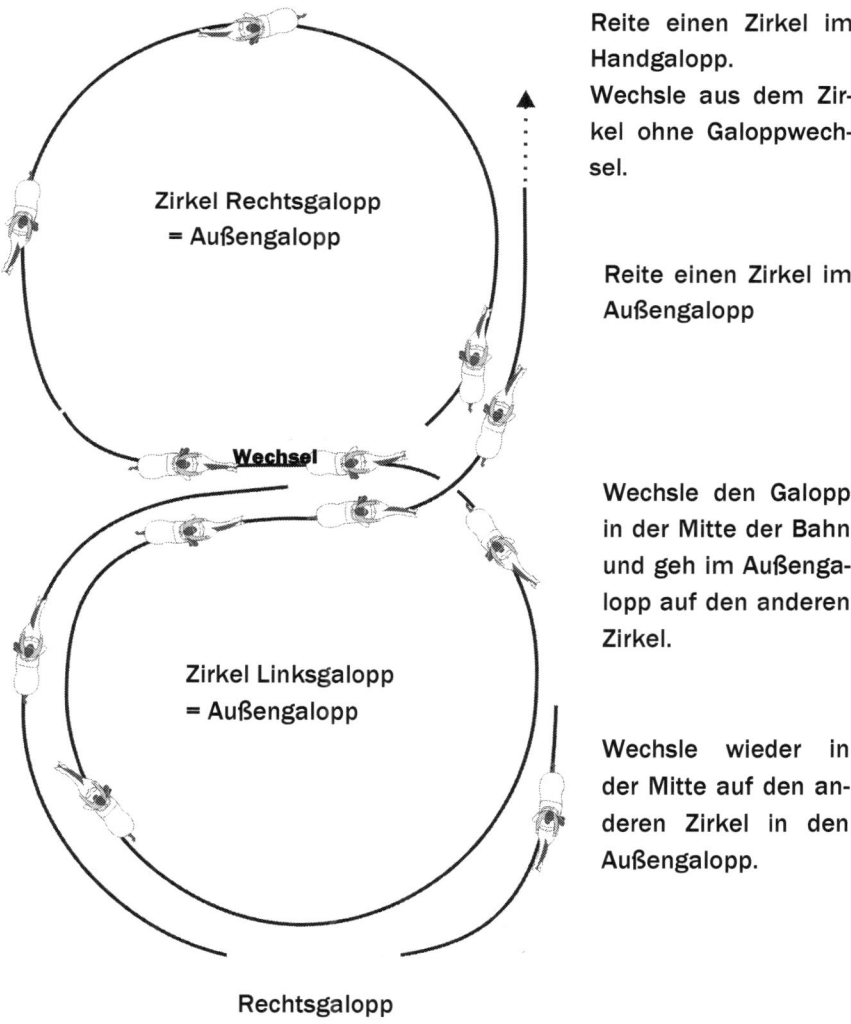

Reite einen Zirkel im Handgalopp.
Wechsle aus dem Zirkel ohne Galoppwechsel.

Reite einen Zirkel im Außengalopp

Wechsle den Galopp in der Mitte der Bahn und geh im Außengalopp auf den anderen Zirkel.

Wechsle wieder in der Mitte auf den anderen Zirkel in den Außengalopp.

⇨ **Wenn das gelingt, sind du und dein Pferd fit für exakte Wechsel in einem Reining Pattern!**

Anhalten und (Sliding) Stops

Das Stoppen eines Pferdes aus dem vollen Galopp ist zum Markenzeichen des Westernreitens geworden. Es ist notwenig für den Reiter, der mit Rindern arbeitet, und ist in vielen Westernreit-Disziplinen als Lektion enthalten. Voraussetzung für einen richtigen Stop ist ein williges und durchlässiges Anhalten. Was unterscheidet nun ein "Anhalten" von einem „Stop"?

Beim „Anhalten" aus dem Schritt, Jog, Trab oder Galopp folgt das Pferd den reiterlichen Hilfen (Gewicht, Stimme, Zügel), indem es im Genick nachgibt, seine Hinterhand senkt (also mehr Last mit der Hinterhand aufnimmt) und weich zum Anhalten kommt. Es läuft mit seinen Hinterbeinen taktmäßig unter den Schwerpunkt.

Beim „Stop" aus einem flotten Trab oder Galopp setzt das Pferd **beide Hinterbeine gleichzeitig** ein, um damit kraftvoll die Last aufzunehmen. Es stemmt sozusagen beide Hinterbeine gleichzeitig nach vorne.

Die Voraussetzungen, aus denen heraus das Pferd diese Fähigkeit entwickeln kann, sind:

1. Das Pferd ist athletisch gebaut.
2. Das Pferd hat gelernt, willig anzuhalten.
3. Es wird aus größerem Tempo angehalten.
4. Es bekommt einen speziellen Hufbeschlag auf den Hinterbeinen (Sliding Plates), der es ihm ermöglicht, zu rutschen.
5. Es wird auf einem absolut ebenen, festen Untergrund trainiert, dessen Oberfläche locker ist, um ein Rutschen zu ermöglichen.

In der Ausbildung des Westernpferdes ist das Stimmkommando „Whoa" (amerikanisch geschrieben) von zentraler Bedeutung. Ausgesprochen wird es „Whoow", wir schreiben es deshalb im weiteren „Whow".

Es bedeutet: „Sofort Anhalten!" Das erfordert vom Reiter eine strenge Disziplin und vom Pferd absoluten Gehorsam. Wenn der Reiter „Whow" gesagt hat, muss er auch durchsetzen, dass das Pferd anhält. Das „Whow" sollte also keinesfalls benutzt werden, um das Pferd langsamer zu machen oder zu beruhigen. Ein solcher Gebrauch schwächt die Bedeutung sonst ab.

Es empfiehlt sich, auch beim Führen und der Bodenarbeit, exakt das gleiche Stimmkommando einzusetzen. Der Reiter sollte beim Führen öfters sein Pferd lediglich mit der Stimme und seiner Körpersprache (er nimmt seinen Oberkörper zurück) anhalten und mit dem Führstrick oder dem Zü-Zügel vor der Brust zurechtweisen, wenn es nicht darauf geachtet hat.

Man kann dieses Kommando auch für „Still-Stehen" verwenden, wenn das Pferd am Anbinder herumhampelt oder bei der Hufpflege nicht still steht. Sag „Whow" und gib ihm notfalls dazu einen Klaps, falls es weiterhampelt.

Die Hilfen für das Anhalten

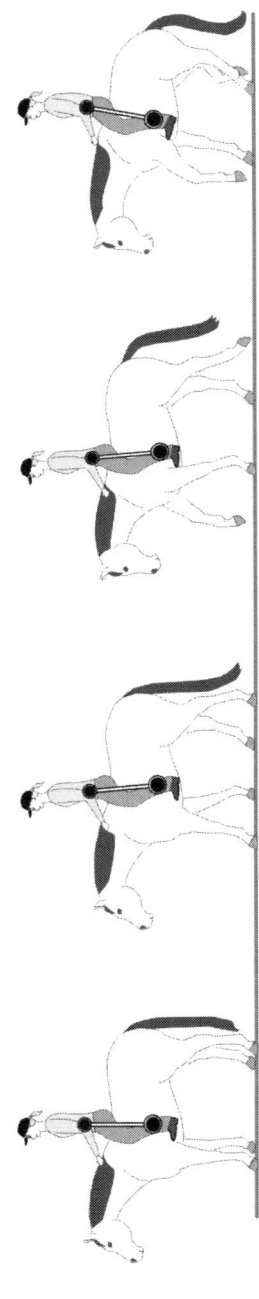

Im Stand
Dein Schwerpunkt liegt senkrecht über dem deines Pferdes.

Anreiten
Dein Schwerpunkt liegt vor dem deines Pferdes.

Vorbereitung Anhalten
Du nimmst Zügelkontakt auf.

Anhalten
Du verlagerst deinen Schwerpunkt nach hinten und gibst ein Stimmkommando „Whow".

Stell dir den Schwerpunkt vor wie einen Stock, den du balancierst: Wenn du vorwärts laufen möchtest, musst du den Schwerpunkt nach vorne verlagern. Wenn du anhalten willst, musst du den Schwerpunkt nach hinten verlagern.

Gewichtshilfen für das Anhalten

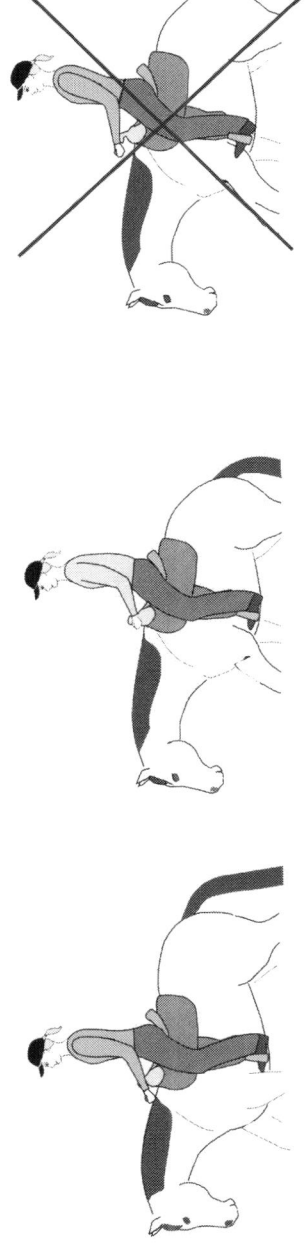

Zum Vorwärtsreiten sitzt du mit aufrechtem Oberkörper, ohne Druck auf den hinteren Sattelrand (Cantle) auszuüben.

Zum Anhalten kippst du mit deinem Becken nach hinten ab und übst Druck auf den hinteren Sattelrand aus. Deinen Oberkörper hältst du locker und ziehst den Bauch ein.

Du sollst dich nicht mit angespanntem Oberkörper nach hinten lehnen!

101

Methodik für das Anhalten

Du reitest an.

Du nimmst die Zügel kurz auf.

Du gibst, ohne am Zügel zu ziehen, die Gewichts- und Stimmhilfe (Whow).

entweder: Das Pferd hält an, du lobst es und gönnst ihm eine kleine Pause.

oder:

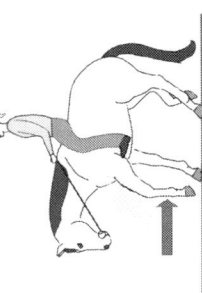

Wenn dein Pferd nicht anhält, nimmst du die Zügel an und richtest es rückwärts. Dann beginnst du von vorne.

⇧ Übe das in aufsteigenden Gangarten: Aus dem Schritt, Jog, Trab und mäßigem Galopptempo. Wenn es Schwierigkeiten gibt, kehre zur nächst niedrigeren Gangart zurück.

Stop-Phasen

Um zu wissen, wann du die Hilfen für einen Stop geben musst, solltest du zunächst die entscheidenden Phasen des Galopps verstehen.

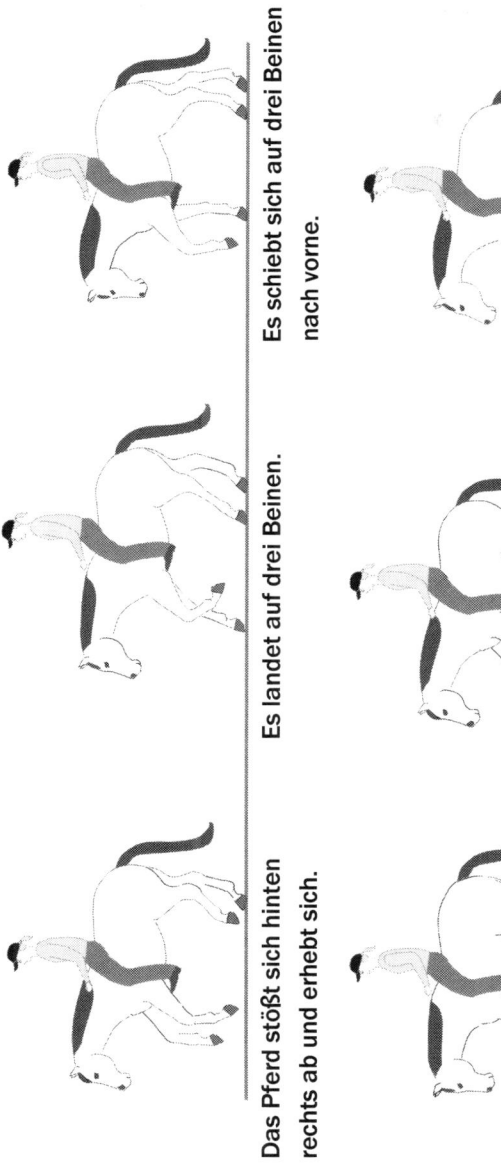

Das Pferd stößt sich hinten rechts ab und erhebt sich.

Es landet auf drei Beinen.

Es schiebt sich auf drei Beinen nach vorne.

Es hat beide Hinterbeine in der Luft.

Es hat alle Beine in der Luft.

Es bringt beide Hinterbeine nach vorne und stoppt mit beiden Hinterbeinen.

Wo stoppen?

Grundsätzlich sollst du dein Pferd auf geraden Linien stoppen. Bist du auf einer gebogenen Linie, dann verlasse die Linie, stelle dein Pferd gerade und dann kannst du stoppen.

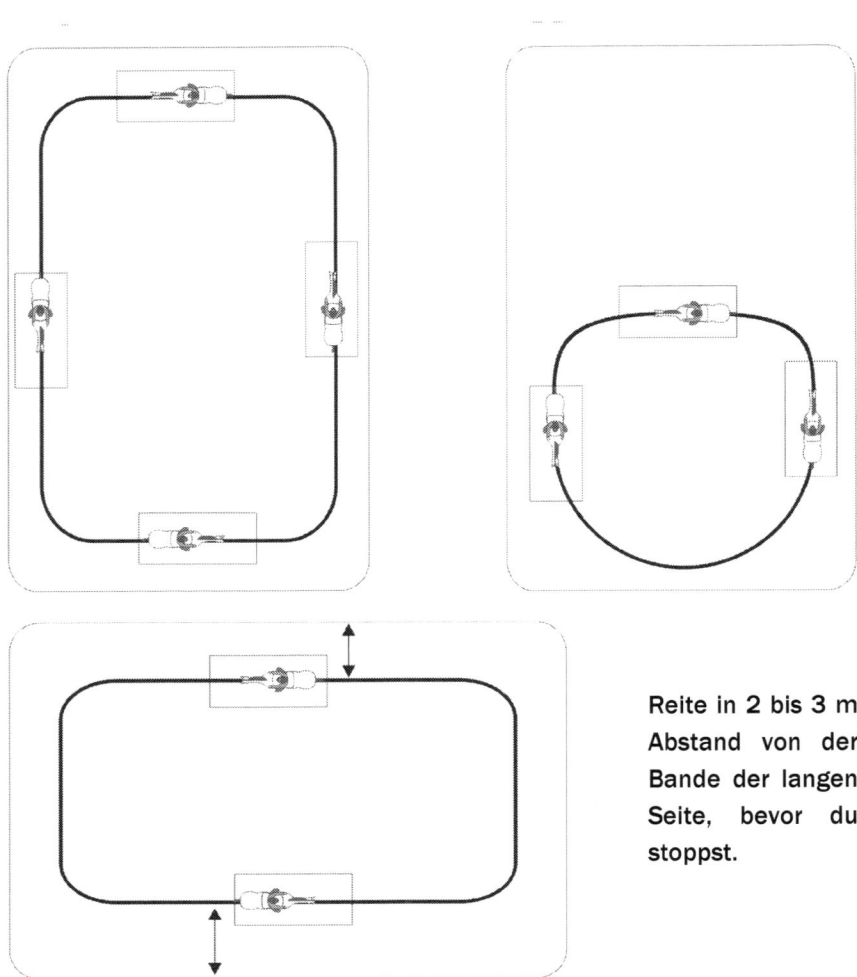

Reite in 2 bis 3 m Abstand von der Bande der langen Seite, bevor du stoppst.

Stop am Ende der langen Seite

Du legst dir am Ende der langen Seite ein oder zwei Bodenstangen parallel zur Bande (ca. 2 m Abstand) und eine Pylone (ca. 6 m Abstand zur kurzen Seite).

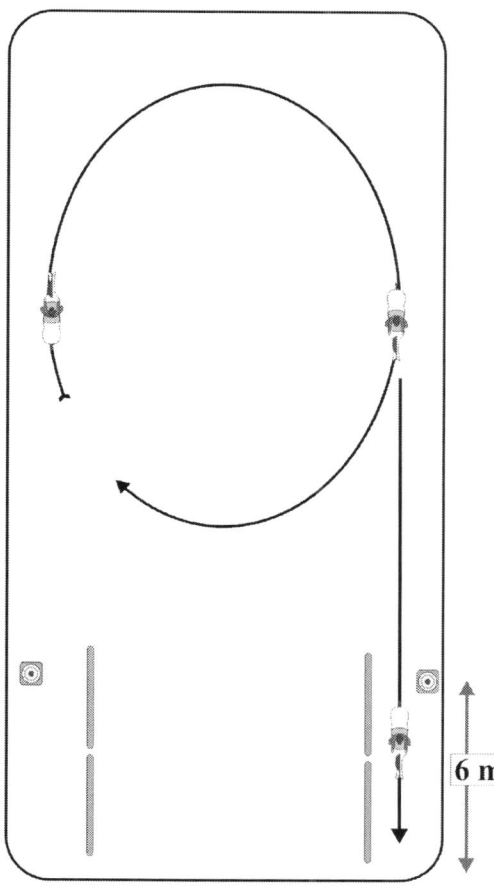

Du galoppierst mehrere Zirkel oder Ovale auf der rechten Hand, gehst auf die lange Seite und gibst deine Stop-Hilfen neben der Pylone.

Halte dein Pferd gerade, ziehe nicht am Zügel – lass die Bande/Zaun dein Pferd nach vorne begrenzen!

Nach dem Stop richte dein Pferd rückwärts aus der Stangengasse, wende mit einer Hinterhandwendung, gehe im Schritt zum Zirkel zurück und wiederhole die Übung auf der anderen Hand.

Run-Down 1

Als erstes wiederhole die Übungen „Angaloppieren auf der Mittellinie" und „Angaloppieren auf der falschen Hand" aus dem Abschnitt über fliegende Wechsel. (Seite 67 – 68)
Richte dir vier Pylonen auf der Mittellinie ein, die etwa zwei Meter Abstand voneinander haben.

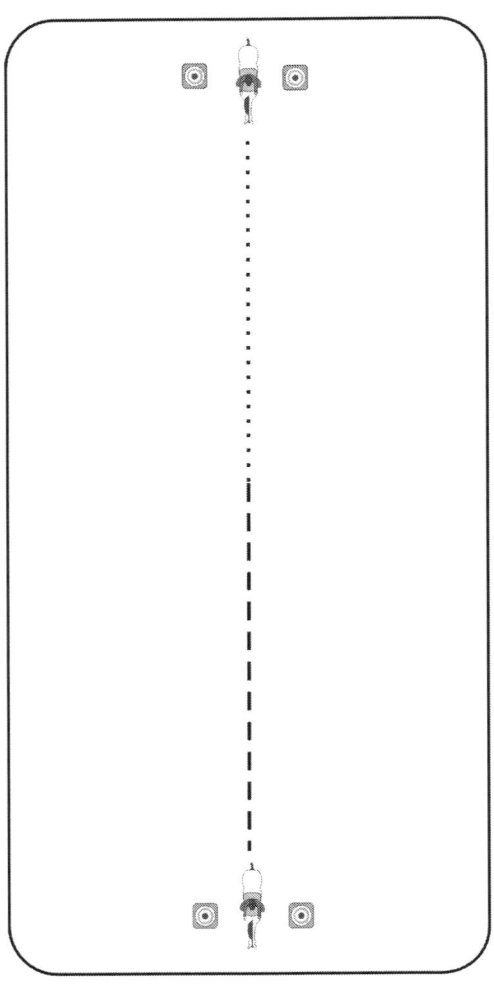

Lass dein Pferd ruhig am Anfang der Mittellinie stehen.

Reite im Schritt absolut gerade gestellt auf der Mittellinie.

Im Mittelpunkt der Bahn Trab und zwischen den beiden Pylonen stoppen.

Lobe dein Pferd und lass es ruhig stehen.

Dann wende es und beginne die Übung von neuem.

Run-Down 2

Anordnung der Pylonen wie zuvor.

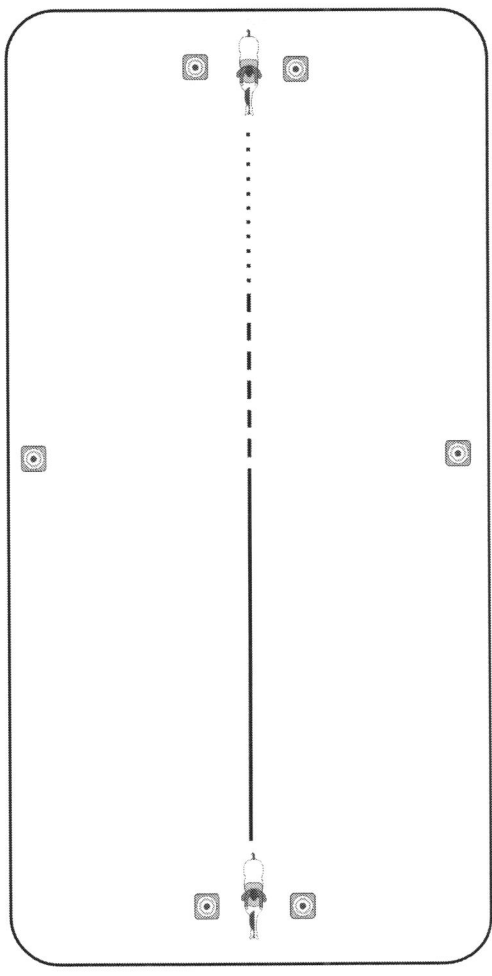

Du stehst wieder ruhig am Anfang der Mittel-linie.

Du gehst in den Schritt.

Nach einer ¼ Bahnlän-ge antraben.

Im Mittelpunkt der Bahn angaloppieren.

Am Ende der Linie stop-pen.

Lobe dein Pferd und lass es ruhig stehen.

Dann wende es und be-ginne von neuem mit der Übung.

⇨ Wenn dein Pferd sich ein wenig aufregt, dann reite eine Mittellinie nur im Schritt und lass es am Ende stehen, bis es sich wieder beru-higt hat.

Run-Down 3

Richte dir mehrere parallele Linien mit Pylonen ein.

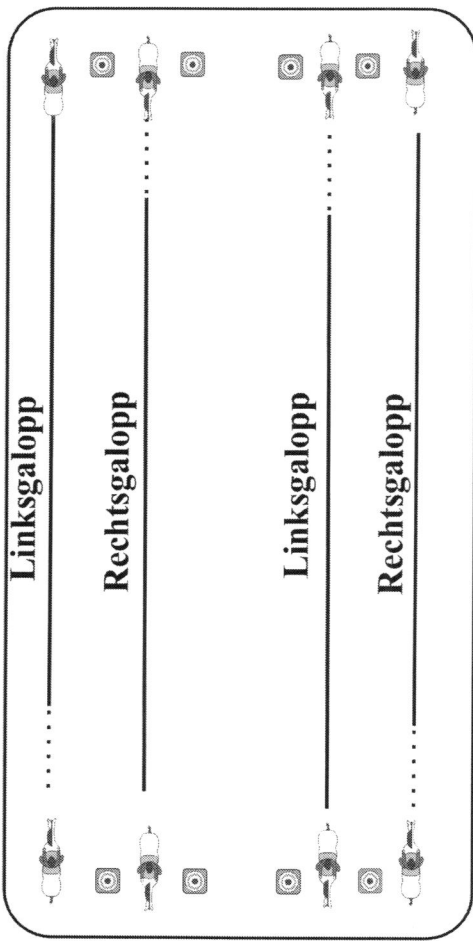

Nach wenigen Metern Schritt gehst du in den Galopp und stoppst am Ende der Linie.

Hierbei auf der linken Hälfte der Bahn Linksgalopp gehen und auf der rechten Hälfte Rechtsgalopp.

Das bedeutet in der Orientierung der Bahn eine Außengalopp-Situation.
Es erscheint deinem Pferd also weniger wahrscheinlich, dass du beabsichtigst, am Ende der Linie auf die ganze Bahn abzuwenden.

⇨ **Auch hier sind die Pausen am Anfang und Ende der Linie sehr wichtig.**

Run-Downs mit Beschleunigung

Stelle sechs Pylonen auf: jeweils zwei in 5 Metern Abstand von der End-Bande mit einem Zwischenraum von 2 m Metern. Zwei Pylonen bei den halben Bahnpunkten (E und B) aufstellen.

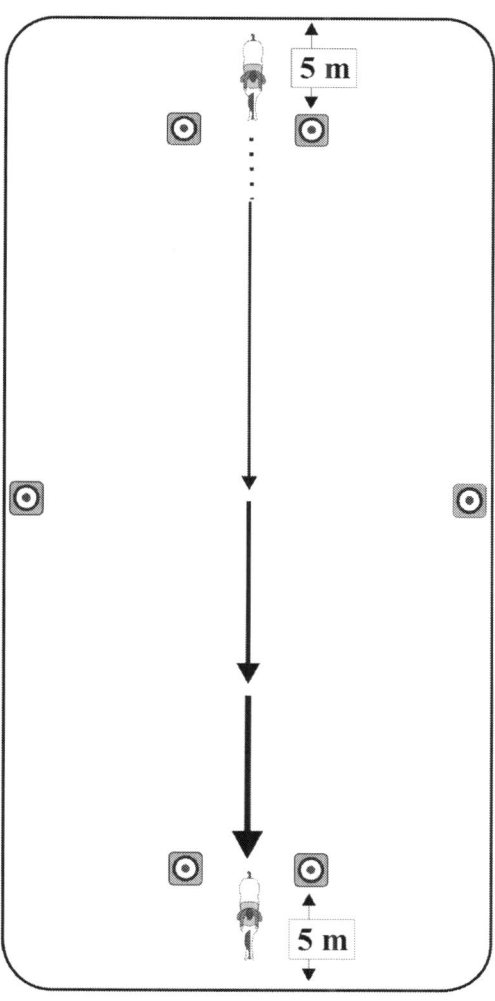

Du galoppierst an und reitest im Grundtempo bis zum Mittelpunkt (Mittelpylonen).

Dann zunehmend beschleunigen bis zum letzten Pylonenpaar.

Hier gibst du deine Stop-Hilfen.

Lobe dein Pferd und lass es ruhig stehen.

Dann wende es und beginne die Übung von neuem.

Risiko und Korrektur bei Run Downs

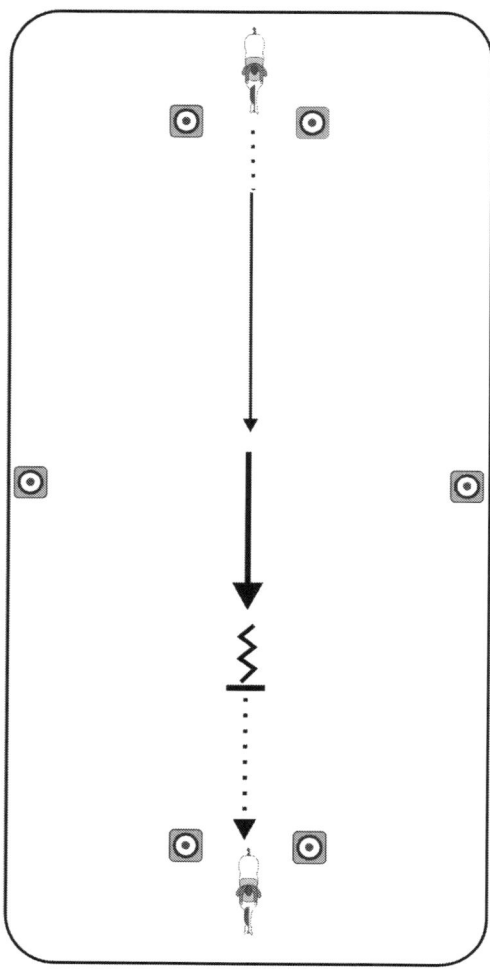

Wenn du die vorangegangene Übung ein paar Mal wiederholt hast, besteht das Risiko, dass dein Pferd das Beschleunigen vorausahnt und von selbst schneller wird.

Das darfst du nicht zulassen!

Abhilfe:
Du stoppst dein Pferd mit dem Zügel (ohne „Whow"), richtest es ein paar Tritte zurück und reitest im Schritt bis zum Ende der Linie.

Lobe dein Pferd und lass es ruhig stehen.

Dann wende es und beginn die Übung von neuem.

Run-Downs mit zunehmender Beschleunigung

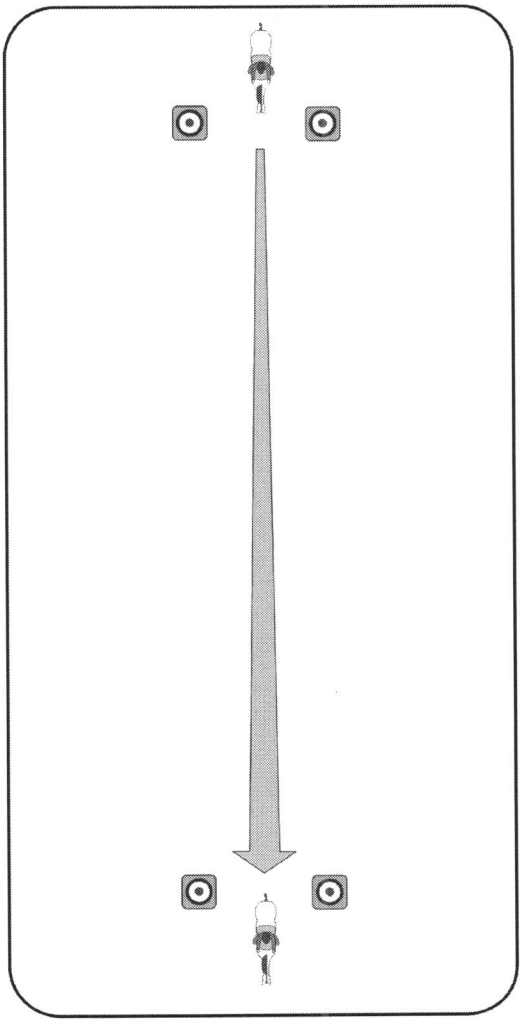

Ab jetzt musst du dich bemühen, das Pferd vom Anfang des Run Downs von Galoppsprung zu Galoppsprung gleichmäßig zu beschleunigen.

Das muss absolut gleichmäßig erfolgen.

Wenn dein Pferd von alleine losstürmt, halte es an, und richte es rückwärts.

Dann reite im Schritt zur Ausgangslinie zurück.

⇨ Dein Pferd *muss* lernen, auf die Hilfen zum Beschleunigen zu warten.

Run-Down auf der Diagonalen

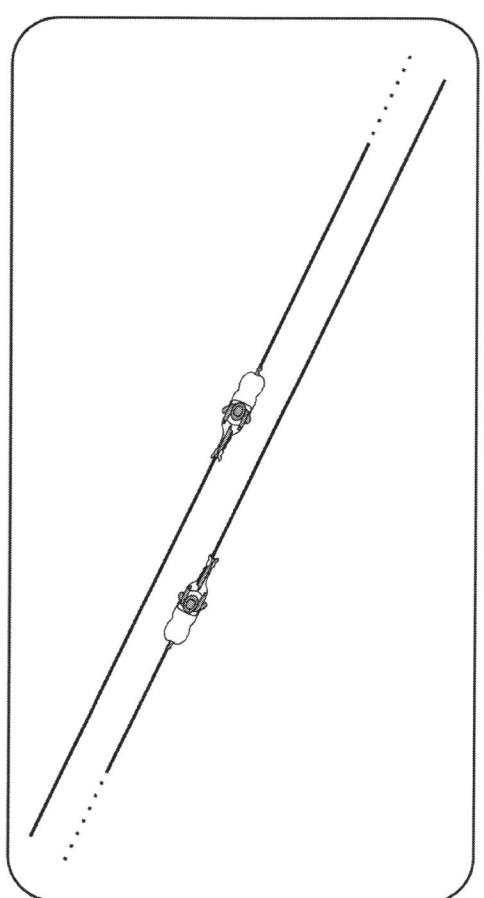

Auf der Diagonalen hast du eine längere Strecke für den Galopp.

Auch auf dieser Linie muss das Pferd geradeaus gestellt sein und gleichmäßig zunehmend beschleunigt werden.

Das auf eine Ecke zureiten, signalisiert dem Pferd sehr gut, dass du vorhast zu stoppen.

Auf der Linie ist es egal, welchen Galopp du auswählst. Er sollte nur öfter gewechselt werden.

⇨ Lege keinen zu großen Wert auf das Angaloppieren. Ob da ein paar Schritt- oder Trabschritte dazwischen liegen, ist im Moment nicht wichtig.
Dein Pferd sollte wissen, worauf du Wert legst: Hier ist es der Stop und nicht das Angaloppieren).

Run-Downs auf der ganzen Bahn

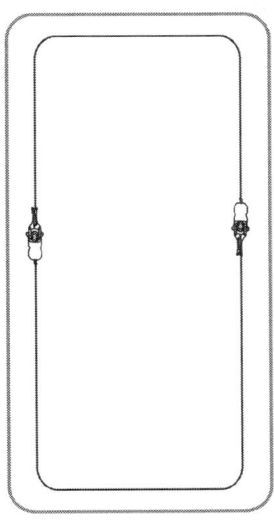

1. Galoppiere auf der ganzen Bahn im Grund-tempo, an den langen Seiten mit einem Ab-stand von ca. 3 m von der Bande.

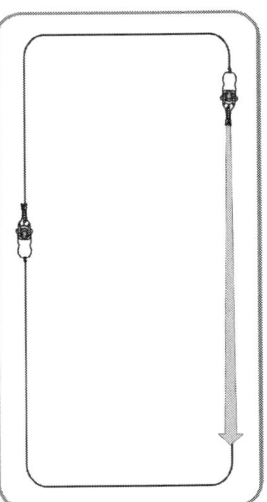

2. Beschleunige dein Pferd auf einer langen Seite, brin-ge es auf der kur-zen Seite wieder in sein Grundtem-po und reite wei-ter auf der ganzen Bahn.

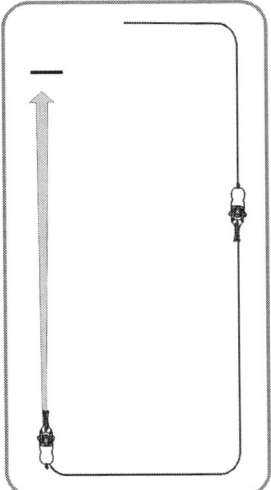

3. Wenn das gut geht, dann stoppe im letzten Drittel einer langen Bahn und lass dein Pferd ruhig stehen.

Vorwärts reiten und rückwärts denken

Nun ist es an der Zeit, dass dein Pferd lernt, bereits beim Run-Down „rückwärts" zu denken. Um das zu erreichen, richtest du es jedes Mal nach dem Anhalten zwei Tritte rückwärts, bis sich dein Pferd schon innerlich auf diese zwei Tritte rückwärts eingestellt hat.

Hier sind ein paar Übungen wiederholt, bei denen du diese Methode anwenden kannst.

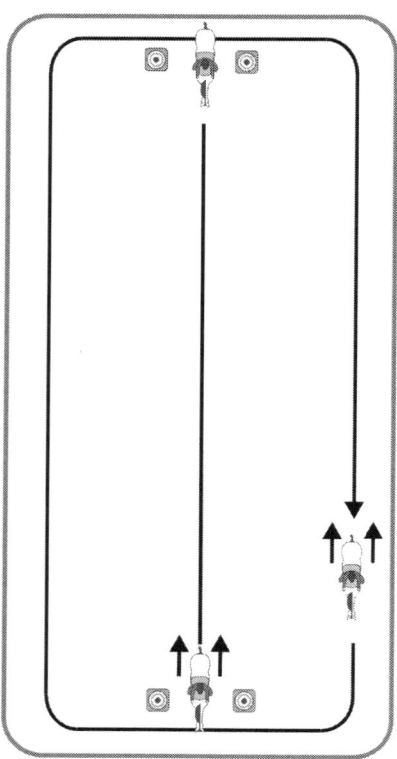 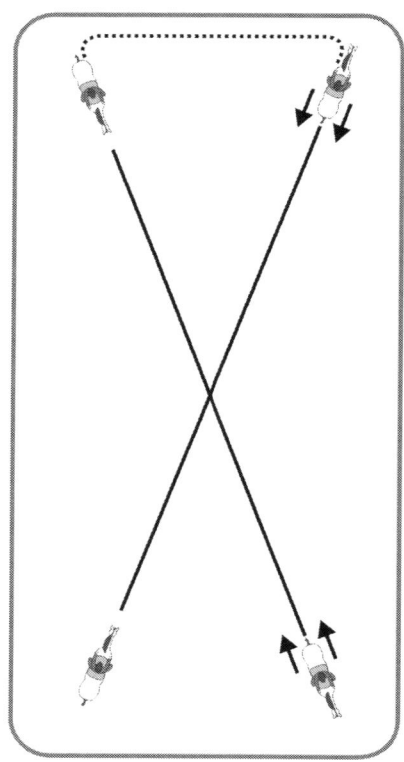

Bewältigung von Problemen

⇨ Bleibe stets, bei allem, was dein Pferd macht, völlig *emotionslos.*
Nur wer sich selbst unter Kontrolle hat, kann sein Pferd kontrollieren!

Mögliche Ansatzpunkte bei Schwierigkeiten:

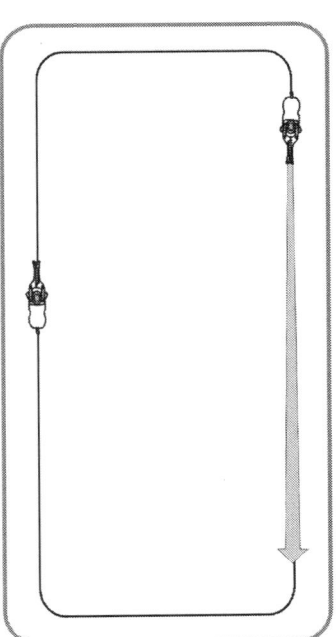

Dein Pferd rennt dir davon:

Wenn dein Pferd auf einer langen
Seite von alleine beschleunigt, bringe
es auf der nächsten kurzen Seite
wieder in sein Grundtempo und reite
weiter auf der ganzen Bahn.

**Dein Pferd wird schon vor dem Stop langsamer, weil es den Stop voraus
ahnt:**

Verändere die Stellen, an denen du stoppst. Lass dir nicht anmerken,
wann du stoppen willst.
Viele Reiter hören auf zu reiten (= zu treiben), wenn sie sich der Stelle nä-
hern, wo sie stoppen möchten. Du musst bis zum letzten Galoppsprung vor
dem Stop aktiv reiten und dann deine Stop-Hilfen geben.

Dein Pferd stoppt mit allen vier Füßen und du wirst hart geworfen:

1. Stoppe aus geringerem Tempo. Dein Pferd kann den Stop aus dem größeren Tempo noch nicht halten.

2. Du ziehst vielleicht zu stark am Zügel. Dein Pferd fällt auf die Vorhand und kann nicht mit der Hinterhand die Last aufnehmen.

3. Dein Pferd kann nicht „sliden", weil es nicht die richtigen Eisen hat oder der Boden nicht in Ordnung ist. Berate dich mit einem Hufschmied, der Erfahrung mit Reiningbeschlag hat und einem Reiningtrainer.

Dein Pferd läuft im Trab durch den Stop:

1. Du musst deinem Pferd klar machen, dass du es „ernst meinst" mit dem Stop: Ziehe nicht am Zügel beim Stop, aber sage laut „Whow" und richte dein Pferd energisch rückwärts, wenn es sich nicht genügend bemüht zu stoppen.

2. Beschleunige dein Pferd kurz vor dem Stop und stoppe es ein- oder zweimal auch mit dem Zügel. Dann gib ihm die Chance, wieder ohne Zügel zu stoppen.

Turn-Arounds

Unter Turn-Arounds sind alle Wendungen aus dem Halten zu verstehen. Diese sind:

1. Die Hinterhandwendung
2. Die Vorhandwendung (hier nicht behandelt, siehe Band 1)
3. Der Spin
4. Der Roll-Back

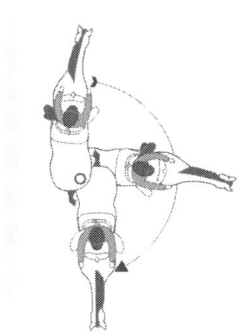

Bei der **Hinterhandwendung** läuft das Pferd langsam und taktmäßig mit der Vorhand um die Hinterhand, deren innerer Hinterfuß stationär bleiben soll und deren äußerer Hinterfuß einen kleinen Kreis beschreibt.

Die Hinterhandwendung kann um 90° (eine ¼ Umdrehung), 180° (eine Kehrtwendung), 270° (eine ¾ Umdrehung) oder 360° (eine ganze Umdrehung) verlangt werden.

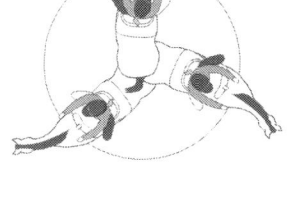

Der **Spin** hat die gleichen Voraussetzungen wie die Hinterhandwendung. Nun werden aber mit zunehmendem Tempo mehrere 360°-Wendungen ausgeführt. Durch eine systematische Ausbildung entwickelt das Pferd die folgenden Fähigkeiten, die über die Anforderungen an die Hinterhandwendung hinausgehen:

Die Vorhand bewegt sich raumgreifender über den Boden, wobei die äußere Vorhand **vor** die innere greift, wir sagen: „das Pferd kreuzt mit der Vorhand". Das Pferd bewegt sich in taktmäßig zunehmendem Tempo. Dabei senkt es die Hinterhand („es beugt die Hanken"). Auch hier nimmt der innere Hinterfuß die meiste Last auf. Mit zunehmendem Tempo nehmen jedoch auch beide tief untergesetzten Hinterbeine Last auf.

Ein **Roll-Back** beginnt aus einem Stop. Bevor das Pferd nach dem Stop vollständig zum Stillstand gekommen ist, wird eine Hinterhandwendung eingeleitet, aus der heraus das Pferd angaloppiert. Das Pferd muss aus der Wendung **sofort** in den Galopp kommen, Trabschritte wären fehlerhaft. Wenn das Pferd die Lektion gut verstanden hat und eifrig ausführt, dann **springt** es herum. Meist wird die Vorhand nur einmal aufgesetzt, dann ist das Pferd wieder im Galopp.

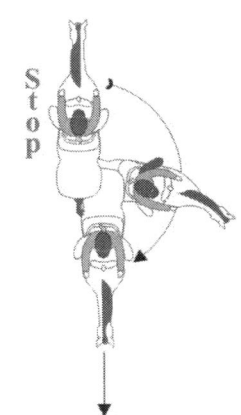

Alle Turn-Arounds erfordern prinzipiell ähnliche Voraussetzungen:

Das Pferd muss sich einwandfrei biegen lassen. Es muss dem Schenkel so gut weichen, dass es dem Reiter möglich ist, die Hüfte des Pferdes nach innen zu verschieben und damit das Pferd zur Lastaufnahme auf dem inneren Hinterfuß zu bewegen.

⇨ **Dafür sind das Schenkelweichen, der Travers im Schritt und Jog sowie Übungen zum Hüfte verschieben wertvoll (siehe auch *„Fliegende Wechsel: Wenn es Schwierigkeiten gibt...")***

Ausrüstung:

Reite alle Übungen mit Sporen! Du musst aber trotzdem deine Waden an das Pferd bringen und darfst die Sporen nur zur Verstärkung einsetzen.

Für alle Übungen rüste dein Pferd mit Gamaschen und Hufglocken bzw. Combination-Boots an den Vorderbeinen und möglichst auch an den Hinterbeinen aus.

Vorübungen für alle Turn-Arounds

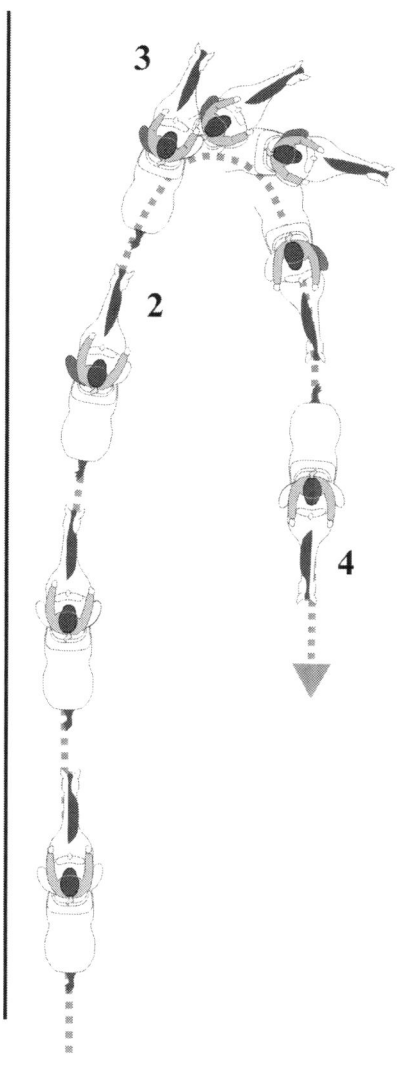

Hinterhandwendung aus der Bewegung

Übung 1

1. Schritt an der langen Seite mit leicht nach innen gestelltem Pferd.
2. Vermehrt außen treiben.
3. Halte dein Pferd zurück, stell es stärker nach innen und treibe es taktmäßig in die Wendung.
4. Das Pferd wieder gerade stellen und in gerader Linie weiter reiten.

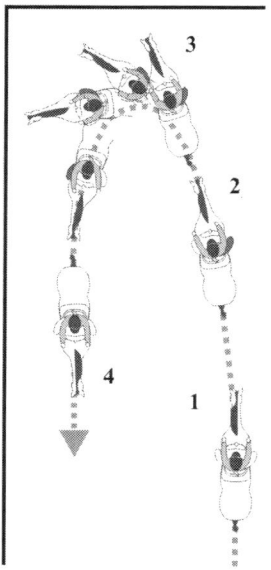

Übung 2

Führe die Übung gegen die Bande aus.

Hinterhandwendung aus dem Schenkelweichen

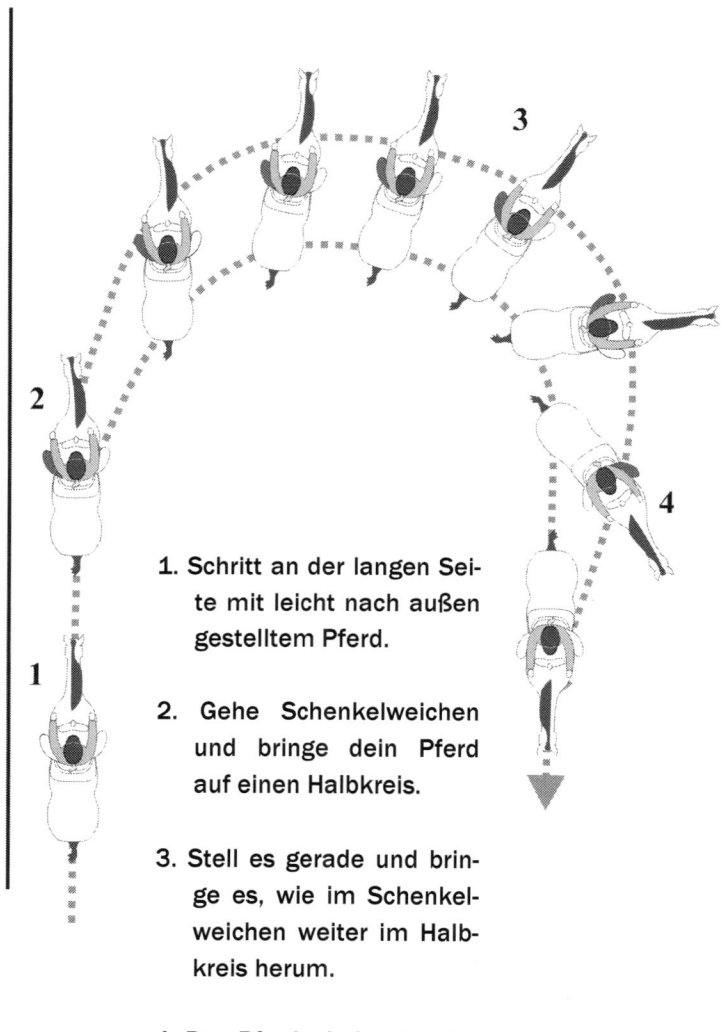

1. Schritt an der langen Seite mit leicht nach außen gestelltem Pferd.

2. Gehe Schenkelweichen und bringe dein Pferd auf einen Halbkreis.

3. Stell es gerade und bringe es, wie im Schenkelweichen weiter im Halbkreis herum.

4. Das Pferd wieder geradeaus stellen und auf gerader Linie weiter reiten.

Die Hinterhandwendung aus dem Halten

⇨ Diese Übung ist wichtig für die „Western Horsemanship"

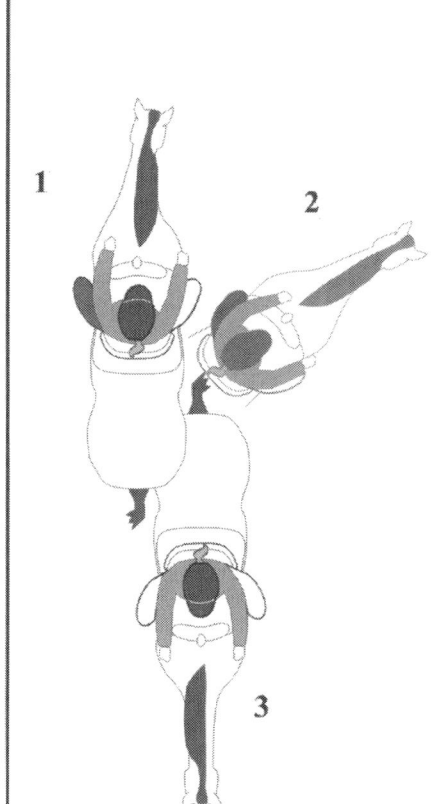

1. Das Pferd aus dem Halten leicht nach innen stellen.

2. Treibe es mit dem äußeren Schenkel in die Wendung. Halte es nur so viel zurück, dass es nicht aus der Wendung läuft.

3. Stell dein Pferd gerade und lass es stehen. Dein Pferd hat korrekt gedreht, wenn es jetzt eine Spurbreite neben dem Hufschlag steht.

Wiederhole die Übung auf der Mittellinie.

⇨ Auch die Hinterhandwendung ist in der Fußfolge eine Vorwärtsbewegung. Sie darf keine Rückwärtsbewegung werden!

Vorübungen für Spins

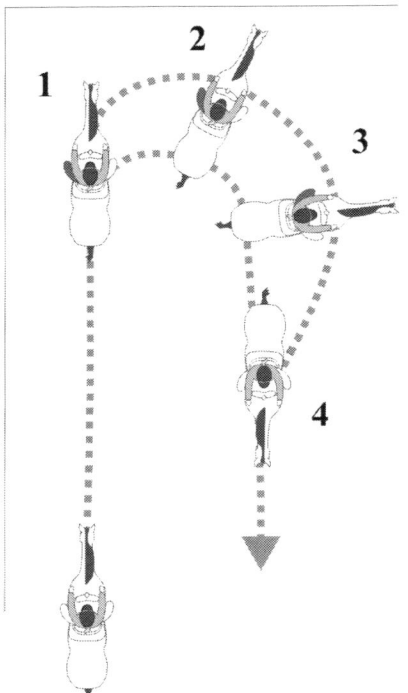

Volten mit gerade gestelltem Pferd

Übung 1

1. Im Schritt an der langen Seite. Stell dein Pferd leicht nach außen.
2. Gehe ins Schenkelweichen und bring dein Pferd in einen Halbkreis.
3. Stell es zunehmend gerade und bring es weiter im Halbkreis herum.
4. Reite in gerader Linie weiter.

Übung 2

Im Schritt auf der Mittellinie beginnend, reite die gleiche Übung und führe die Übung mit einer ganzen Volte aus.

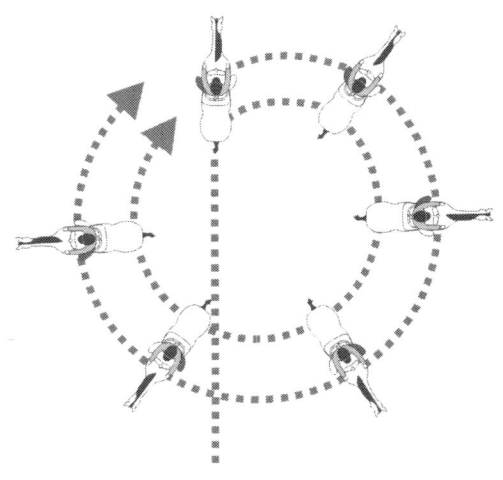

Volten in direkter Biegung und Konterbiegung

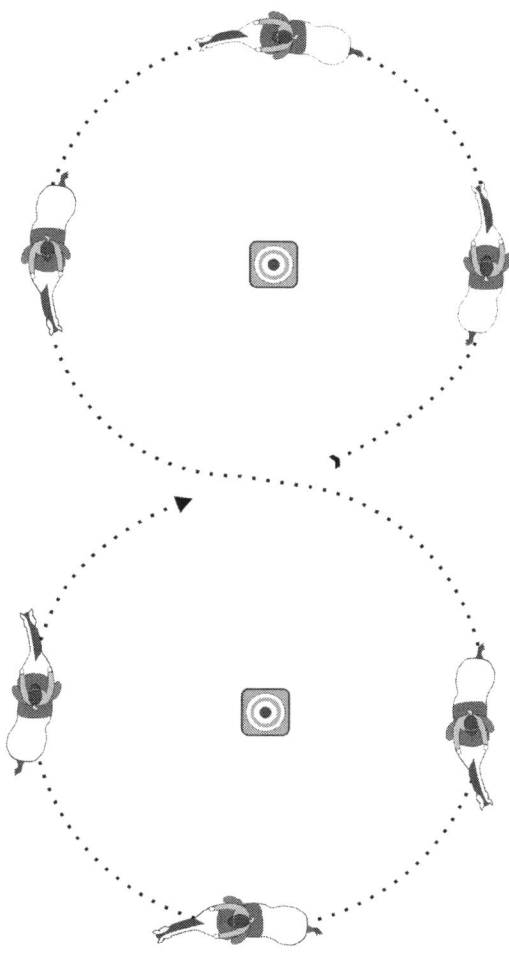

Reite Volten im Schritt in direkter Biegung.

Benutze Pylonen, um das Zentrum der Volten im Auge zu behalten.

Nun wechsle von einer Volte in die nächste wie in einer Zirkel-8.

Du sollst aber dabei die alte Biegung aufrechterhalten, die neue Volte also in Konterbiegung reiten.

Dann wechselst du wieder auf die Volte in direkter Biegung.

Wenn das gut geht, reite die Übung im Jog.

Die folgenden Übungen dienen dazu, die Hüfte des Pferdes in der Wendung nach innen zu bringen.

Warum ist das wichtig?

Das unzureichend gymnastizierte Pferd weicht in einer engen Wendung mit der Hüfte nach außen aus. Dadurch entsteht eine „Mittelhand-Wendung", die fehlerhaft ist.

Achtung: Die Mittelhandwendung kann auch das Resultat falscher Hilfen sein. Die häufigsten Ursachen sind:

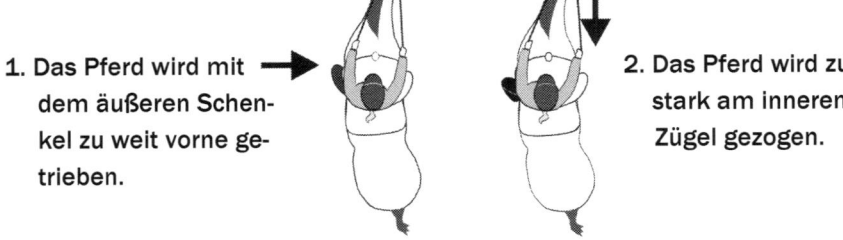

1. Das Pferd wird mit dem äußeren Schenkel zu weit vorne getrieben.

2. Das Pferd wird zu stark am inneren Zügel gezogen.

Gymnastische Übung zur Verbesserung der Biegung:

Überflexen auf Volten

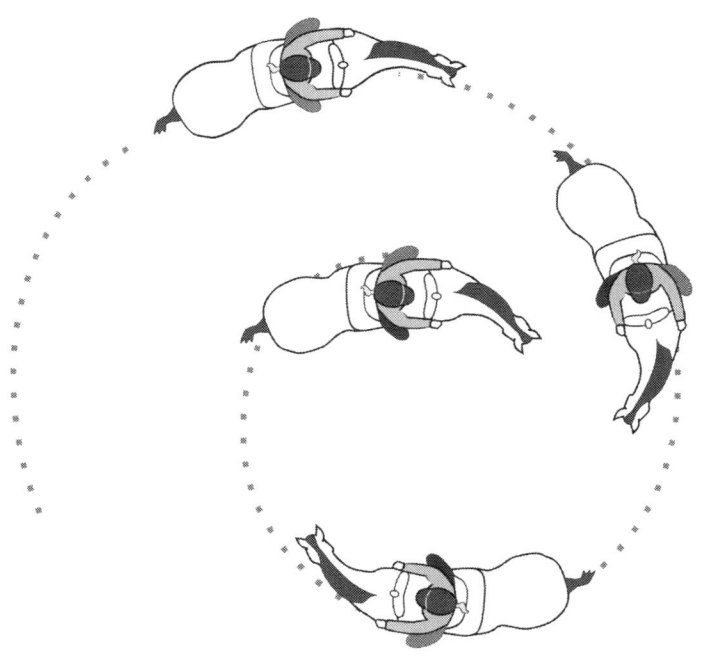

Reite Volten im Schritt. Dann stell dein Pferd übertrieben weit nach innen und verkleinere die Volten so lange, wie es noch möglich ist, eine klare Vorwärtsbewegung aufrecht zu erhalten. Wenn dein Pferd nicht mehr vorwärts geht, sondern versucht zu drehen, dann reite deutlich vorwärts auf eine größere Volte.

⇨ Diese Übung verbessert die notwendige Rippenbiegung für die enge Wendung.

Travers aus der Volte

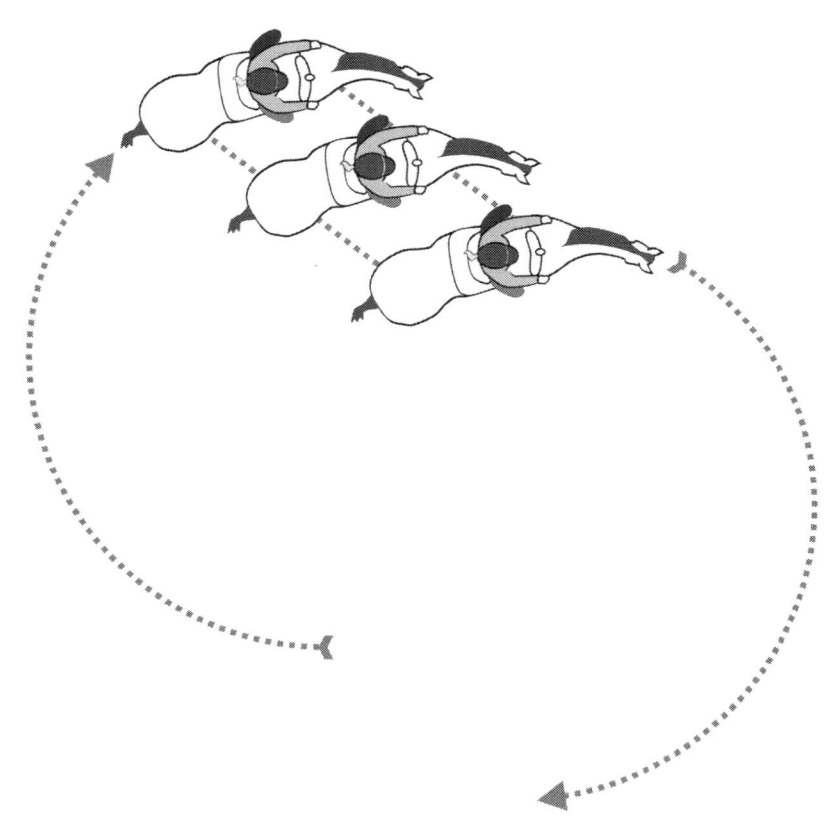

Aus einer Schritt-Volte kommend, reite dein Pferd vorwärts-seitwärts etwa 5 bis 6 Tritte im Travers, dann gehe wieder auf die Volte.

⇨ **Diese Übung bringt die Hüfte deines Pferdes besser nach innen und den inneren Hinterfuß unter den Schwerpunkt.**

Volte – Drehen – Volte

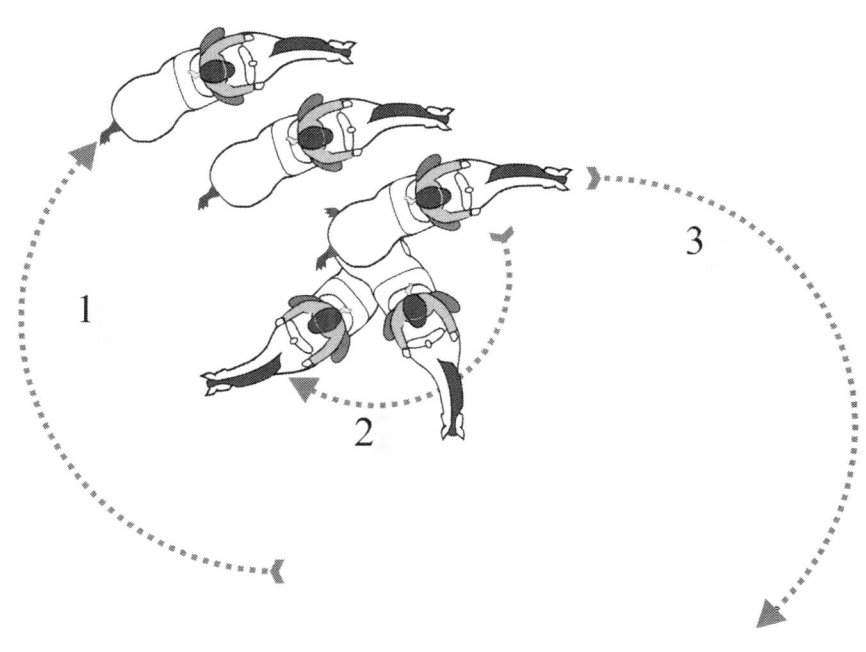

Aus einer Schritt-Volte kommend, reite dein Pferd vorwärts-seitwärts etwa 5 bis 6 Tritte im Travers. Dann drehe um 360° und gehe wieder auf die Volte.

⇨ Achte darauf, dass Schritt, Travers und Drehen im gleich bleibenden Takt ausgeführt werden.

Von der Hinterhandwendung zum Spin

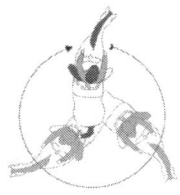

Wie komme ich zu einer flüssigen Bewegung?

Gewichtshilfe
Während du bei einer langsamen Hinterhandwendung auf beiden Gesäßknochen gleichmäßig belastest, verlagerst du beim Spin dein Gewicht mehr auf den inneren Gesäßknochen.

Schenkelhilfe
Du treibst zunächst taktmäßig mit dem äußeren Schenkel, den inneren nimmst du deutlich weg.

Stimmhilfe
Wenn das Pferd korrekt dreht, beginnst du taktmäßig mit der Zunge zu schnalzen.

Schenkelhilfe
Ab dem Moment, wo du mit der Stimmhilfe einsetzt, lässt du den äußeren Schenkel weg und setzt ihn nur in dem Moment verstärkt ein, in dem dein Pferd nachlässt zu drehen.

Zügelhilfe
Die Zügelhände weisen den Weg in die Drehrichtung, d.h. der äußere Zügel liegt spürbar an der äußeren Halsseite an, der innere Zügel ist weg vom Hals. Solange das Pferd dreht, sollen die Zügel durchhängen. Versucht dein Pferd vorwärts aus der Wendung zu laufen, hältst du es kurz zurück und gibst wieder nach, wenn es weiter dreht.

Lob
Wenn dein Pferd sich bemüht, gut zu drehen, dann gönn ihm eine Pause und lobe es. Das kann am Anfang nach einer halben oder ganzen Umdrehung sein, später nach mehreren Umdrehungen.

Was tun, wenn ...?

Dein Pferd kreuzt nicht richtig mit den Vorderbeinen.

Das heißt, es tritt mit dem äußeren Vorderbein hinter oder gegen das innere. Reite mehr vorwärts! Reite vorwärts aus der Drehung heraus. Wiederhole Schenkelweichen, Konterbiegung und Travers.

Dein Pferd weicht mit der Hüfte nach außen aus.

Es macht eine Mittelhandwendung. Setze den äußeren Schenkel weiter hinten ein. Wiederhole Schenkelweichen und Travers.

Dein Pferd dreht richtig, aber das Tempo nimmt nicht zu.

Verstärke die Schenkelhilfe, sporniere dein Pferd, wenn es trotz deiner Stimmhilfe schwunglos dreht.
Sobald sich aber dein Pferd ein wenig "beeilt", lobe es und gib ihm eine Pause. Sei zunächst mit einer ½ - oder ¾ -Drehung zufrieden und reite wieder vorwärts.

⇨ Hüte dich davor, dein Pferd „anzufeuern", wenn es nicht technisch korrekt dreht!

⇨ Das höhere Tempo resultiert aus der zunehmenden Routine der korrekten Drehung.

Vorübungen für Roll-Backs

Roll-Back aus der langsamen Hinterhandwendung

Galoppiere auf der ganzen Bahn, an den langen Seiten mit einem Abstand von ca. 3 m von der Bande.

Stoppe im letzten Drittel einer langen Seite.

Bleib ruhig stehen.

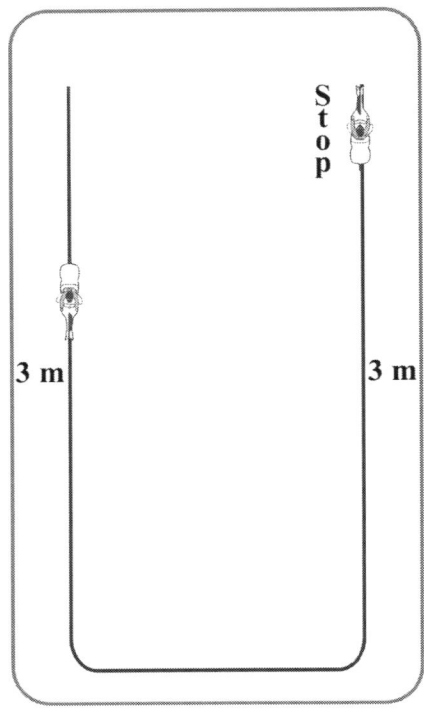

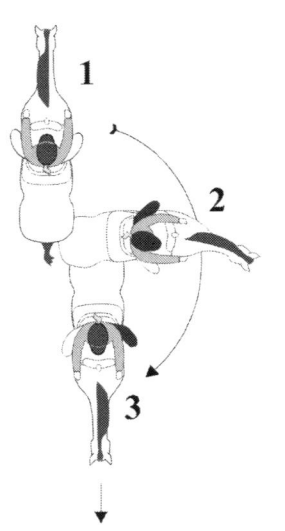

1. Aus dem ruhigen Stehen drehe eine ¼-Drehung zur Bande.
2. Wenn dein Pferd senkrecht zur Bande steht, verstärke den äußeren Schenkel, gib eine Stimmhilfe.
3. Galoppiere wieder auf die ganze Bahn.

⇨ Es ist kein Problem, wenn am Anfang noch ein paar Trabschritte dabei sind.

Roll-Back aus dem Back-Up

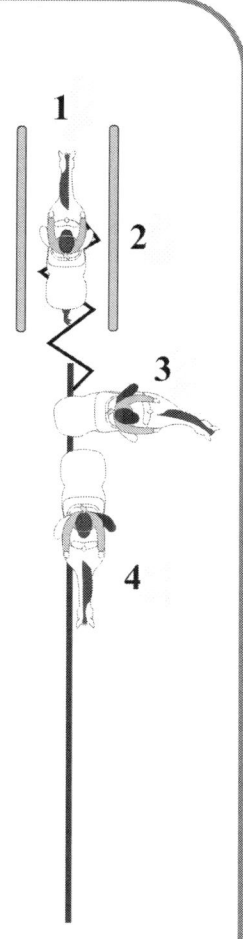

1. Ähnlich wie in der vorange-
   henden Übung stoppe dein
   Pferd im letzten Drittel einer
   langen Seite, nun aber zwischen zwei Bodenstangen.
   Bleibe dort stehen.

2. Richte rückwärts aus der
   Stangengasse heraus.

3. Wende um 90° zur Bande

4. Galoppiere wieder auf die
   ganze Bahn.

Systematik im Training von Stops und Roll-Backs

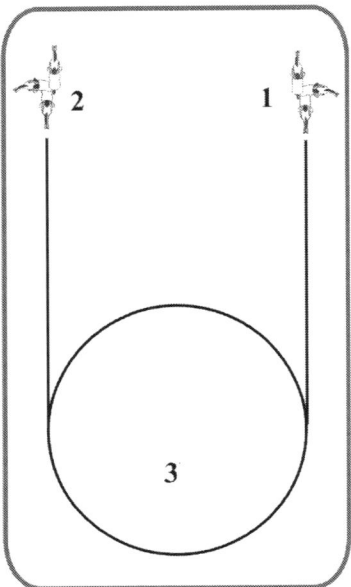

1. Von der ganzen Bahn kommend, reite ein Roll-Back rechts. Reite ein „U" (mit einem ½ Zirkel).
2. Reite ein Roll-Back nach links.

➡ **In der Wiederholung hilft es deinem Pferd, die Roll-Backs jedes Mal an der gleichen Stelle zu machen.**

➡ **Wenn du die Run-Downs dynamischer reitest (mit zunehmendem Tempo vor dem Stop), wird dein Pferd aktiver, vielleicht aber auch etwas heftiger werden.**

3. Sollte das passieren, lege einen oder mehrere Zirkel ein, bevor du wieder auf einen Run-Down gehst. Galoppiere so viele Zirkel, bis dein Pferd wieder gleichmäßig im Grundtempo läuft.

Systematik im Training von Stops & Roll-Backs

Nach einer Weile erwartet dein Pferd auf den Run-Downs die Stops und Roll-Backs, das kann bedeuten, dass es von alleine an Tempo zulegt, aber auch, dass es im Bereich des letzten Viertels der langen Seite verlangsamt. Jetzt wird es Zeit, die Systematik zu ändern:

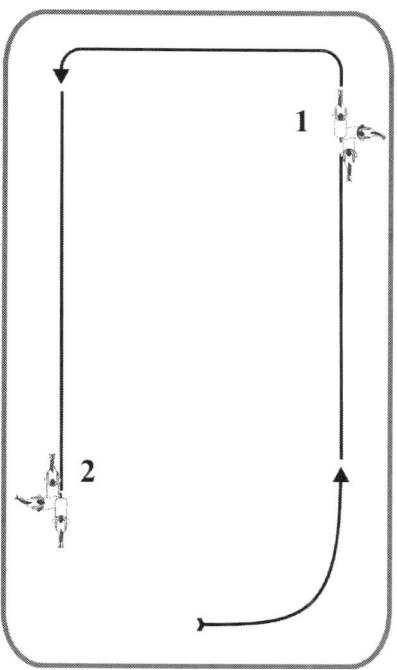

1. Du galoppierst an der Stelle, wo du immer gestoppt hast, weiter auf der ganzen Bahn.

2. Du legst den Stop und Roll-Back auf das Ende der nächsten langen Seite.

⇨ Wenn dein Pferd von alleine an Tempo zulegt, dann galoppiere ganze Bahnen, bis es auf der ganzen Strecke wieder Grundtempo läuft. Ebenso kannst du an allen kurzen Seiten auf Zirkel gehen.

⇨ Wenn dein Pferd nach einem Stop von alleine Ansätze zum Roll-Back macht, dann bleib ein paar Male nach den Stops ruhig stehen, lobe dein Pferd und reite im Schritt weiter.

Aufbau einer Reining-Trainingsstunde

Jede Trainingsstunde richtet sich nach dem Ausbildungsstand und den individuellen Möglichkeiten jedes einzelnen Pferdes. Hier sind einige allgemeine Prinzipien von Reining-Trainingsstunden aufgeführt, die auf Erfahrungen von den Leistungskurven von Pferden beruhen und der daraus resultierenden Erkenntnisse zur Einteilung von Trainingsstunden in Lösungs-, Arbeits- und Beruhigungsphasen.

Lösungsphase:
Reite im Schritt auf großen Linien. Bring dein Pferd vorwärts-abwärts taktmäßig vorwärts. Reite einige Zirkel im flotten Trab (Leichttraben) und arbeite an Biegung. Galoppiere Zirkel am relativ losen Zügel, stell dein Pferd nur gelegentlich stärker in Beizäumung und Biegung und lass es zirkeln, bis es zufrieden ein gleichmäßiges Grundtempo läuft.

Arbeitsphase:
Suche dir ein paar Übungen für **Seitengänge** und **Schenkelnachgiebigkeit** heraus und arbeite diese im Schritt und Jog. Galoppiere im Hand- und Konter-Galopp. Mach einige fliegende Wechsel.
Suche dir ein paar **Vorübungen für Spins** heraus und arbeite an Spins.
Mach einige **Roll-Backs** und entscheide selbst, wie du diese mit ganzen Bahnen und Zirkeln abwechslungsreich gestaltest.
Reite **Run-Downs** und **Stops** (auf Linien in der Mitte der Bahn) und gib deinem Pferd Ruhe zwischen den Run-Downs.

Beruhigungsphase:
Nach einem letzten guten Stop richte dein Pferd rückwärts. Dann reite im Schritt am langen Zügel. Du kannst auch nach dem letzten Stop absteigen und dein Pferd in der Bahn herum führen.

⇨ **In jeder Trainingsstunde wirst du spüren, an welcher Stelle du mehr Wiederholungen brauchst und diesen Teil zu einem Haupt-Thema deiner Trainingsstunde machen musst. Dann lege auf die anderen Übungen weniger Wert, was heißt, du verlangst dort keine Verbesserung, sondern nur den Trainingsstand.**

und bei allem Übungseifer nicht vergessen:

Pferde müssen auch mal relaxen !

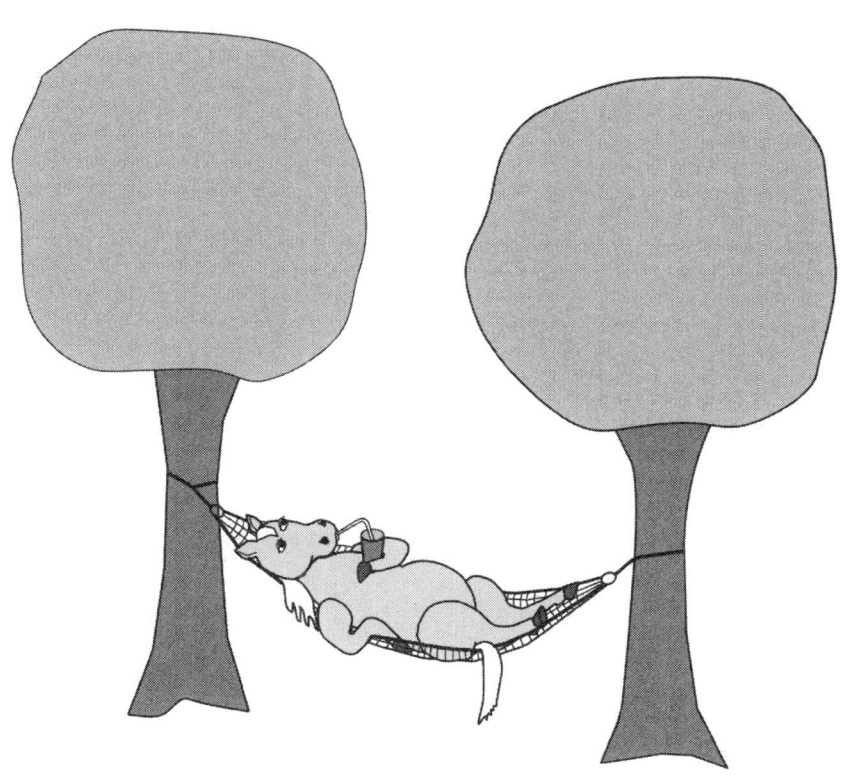

Gymnastik zur Unterstützung der Reitausbildung

Auch ein methodisch richtiges Reiten beansprucht den Körper in einer gewissen Einseitigkeit. Der Reiter führt auf dem Pferd Bewegungen von geringer Ausdehnung aus, das heißt, seine Gliedmaßen werden nur sehr kurze Wege hin und her bewegt. Ein hoher Aufwand an Körperbeherrschung konzentriert sich darauf, einzelne Körperteile in einer bestimmten Position zu halten und dennoch flexibel an die Bewegung des Pferdes anzupassen.

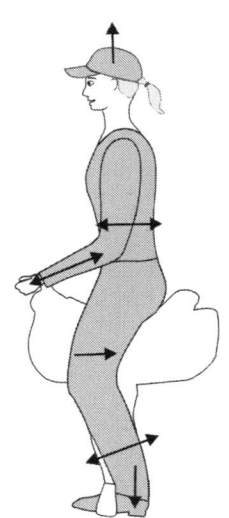

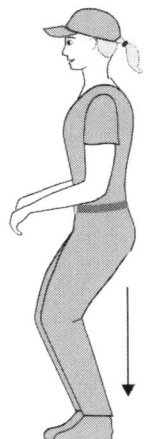

Eine ausgleichende und unterstützende Gymnastik trainiert diese auf dem Pferd minimal auszuführenden Bewegungen in größerem Ausmaß und aktiviert gegenüberliegende Muskelgruppen (Gegenspieler) zur Stärkung der Balance. Sie erweitert die Dehnungsgrenzen einzelner Gelenke, die im Alltag vernachlässigt werden, und löst Blockaden.

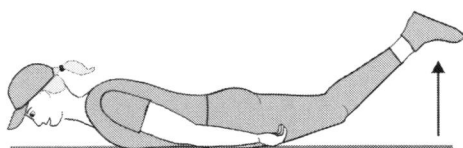

Gymnastik

Die folgende Gymnastik dauert etwa eine halbe Stunde. Sie folgt einem einfachen Prinzip „Von oben nach unten".

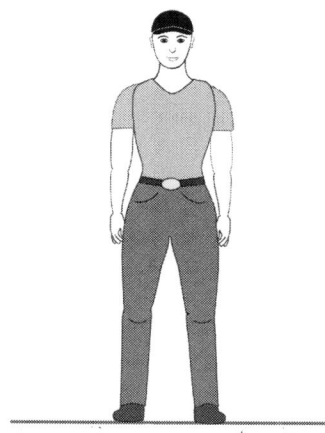

Stell dich aufrecht hin mit etwas auseinander gestellten Beinen

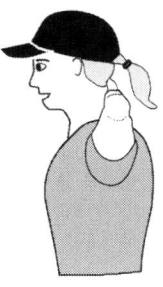

Wiege deinen Kopf langsam nach
links und rechts

Lass deinen Kopf
langsam nach vorne
auf die Brust sinken.

Falte deine Hände im
Genick und streck dich.

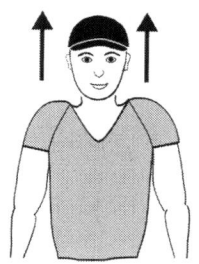

Zieh die Schultern
bis unter die Ohren
hoch, dann lass sie
wieder fallen.

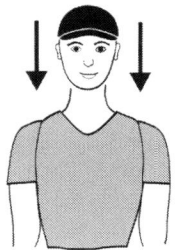

Arme hoch   Rumpf drehen 1   Rumpf drehen 2

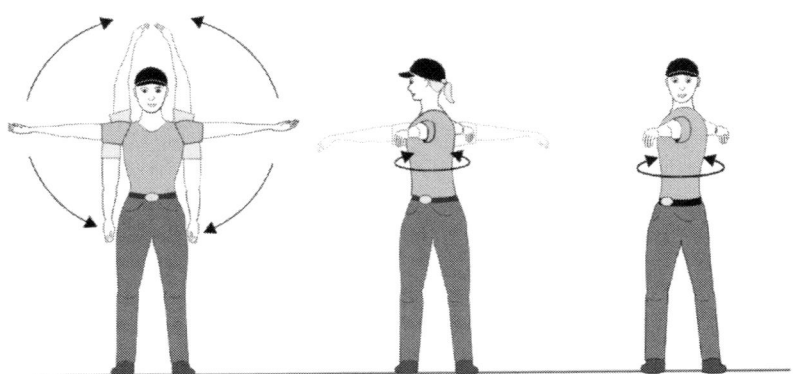

Beschreibungen siehe „Gymnastik vor dem Reiten" (Seite 10)

Rumpf beugen diagonal

Stelle dich in leichter Grätschstellung und breite die Arme aus. Beuge den Oberkörper herab und berühre mit der rechten Hand den linken Fuß, dann mit der linken Hand den rechten Fuß.

Knie beugen

Beuge deine Knie und sinke langsam herab. Etwa auf der Hälfte der Strecke bis zur Hocke halte diese Position für einen Moment. Dann sinke weiter bis in die Hocke. Anschließend stemm dich wieder hoch. Lass dabei immer die Fersen am Boden.

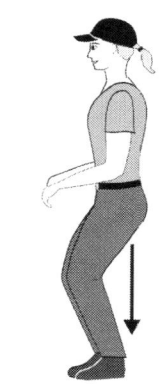

Rumpf beugen

Aus dem geraden Stand senke langsam den Oberkörper mit hängenden Armen. Die Kniegelenke bleiben ungebeugt. Senke den Oberkörper bis zur Dehnungsgrenze.
Lass bei dieser Übung deinen Oberkörper nur hängen. Du sollst nicht federn oder gewaltsam versuchen, mit den Händen möglichst weit nach unten zu kommen.

Unterschenkel dehnen

Gehe aus dem Stand in eine Schrittstellung. Beuge das vordere Kniegelenk und lass das hintere Kniegelenk durchgedrückt.
Beuge bis zur Dehnungsgrenze und halte diese Position für einen Moment. Dann stemm dich wieder hoch in die Schrittstellung.

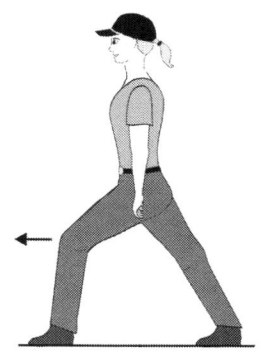

Hängebrücke

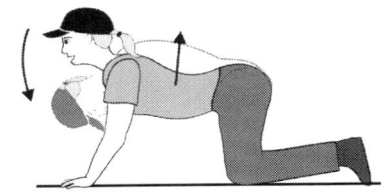

Nimm den Kopf nach oben und lass den Oberkörper möglichst weit nach unten durchhängen. Nimm den Kopf nach unten und mache einen Katzenbuckel.

Füße anheben

Lege dich auf den Bauch mit den Armen seitlich am Körper. Hebe den Kopf leicht an, dann hebe die Beine, halte sie einen Moment in der Luft, dann setz sie wieder ab und lass den Kopf sinken.

Oberkörper anheben

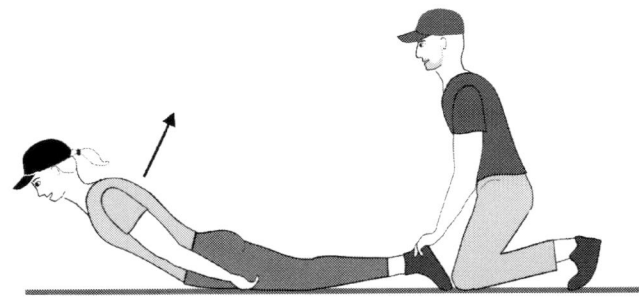

Nimm dir einen Partner, der deine Füße am Boden hält, während du den Oberkörper anhebst.

Setz dich mit fast ausge-
streckten Beinen auf den
Boden. Halte die Arme nach
vorne ausgestreckt. Jetzt hebe die Beine etwas an und
halte sie einen Moment in
dieser Position. Dann lass
sie wieder sinken.

Die gleiche Übung wie eben.
Die Beine werden jetzt al-
lerdings abwechselnd in der
Luft angewinkelt.

Setz dich auf den Boden mit aus-
gestreckten gegrätschten Beinen
und aufrechtem Oberkörper. Berühre abwechselnd mit der rechten
Hand den linken Fuß und mit der
linken Hand den rechten Fuß.

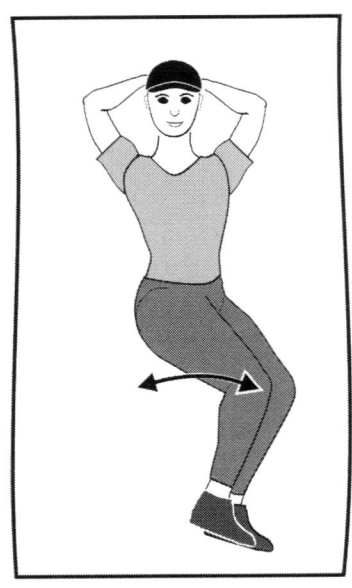

Leg dich auf den Boden, die Arme hinter dem Kopf gefaltet.

Zieh die Beine leicht an (wie in der Hocke), so dass sich die Kniegelenke berühren, aber die Fersen am Boden bleiben.

Jetzt schwenke beide Beine gemeinsam nach rechts und links, bis das jeweils untere Kniegelenk den Boden berührt.

Setz dich auf den Boden mit angezogenen Beinen und stütze dich mit den Armen hinter dir ab. Halte die Kniegelenke etwa vier Handbreit auseinander. Dein Partner soll jetzt deine Kniegelenke auseinander halten, während du versuchst, sie gegen seinen Widerstand zusammen zu bringen.

Anschließend hält dein Partner deine Kniegelenke zusammen und du versuchst, sie auseinander zu bringen.

Joggen und Seilspringen

Zum Abschluss deiner Gymnastik jogge in mäßigem Tempo etwa 500 m. Ab und zu versuche für etwa 10 Tritte mit den Fersen bis zum Gesäß zu kommen.

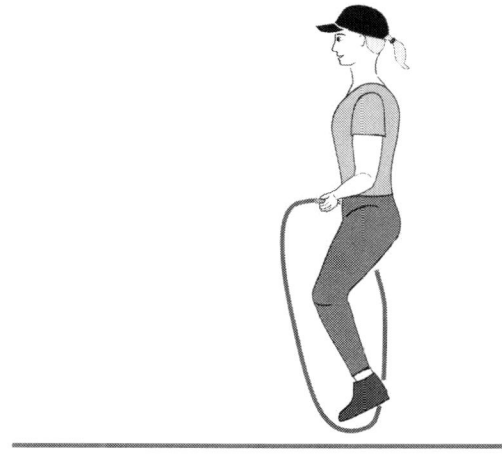

Ergänzend dazu kannst du noch ein paar Minuten Seil springen.

Reitsportbücher aus dem Buffalo Verlag

Ein Buch, das jeder Trailreiter im Bücherschrank haben sollte

Trail-Training – Ute Tietje

Vom Playday bis zur Meisterschaft

220 Seiten – gebunden
240 Grafiken aus der Reiterperspektive
ISBN 978-3-9813009-7-0 – Buffalo Verlag 2014 – 24,90 €

Nicht nur das furchtlose, aufmerksame Herangehen an ein Hindernis zählt, sondern auch die Technik, die Auswirkungen auf die Präzision und Geschwindigkeit bei den Abläufen hat. Mit 240 Graphiken aus der Reiterperspektive auf 220 Seiten lädt das Buch ein, sich diese Fertigkeiten anzueignen. Egal ob als Trail-Anfänger auf einem Playday oder bereits auf einem Meisterschafts-Level, der die Bewältigung der anspruchsvollen, von Tim Kimura kreierten Trails verlangt. Ein vielfältiges Spektrum der Verwendungsmöglichkeiten einzelner Hindernisse soll dazu anregen, sich für jeden Level individuellen Bedürfnissen folgend, die richtigen Übungen zusammenzustellen.

Den vielen hilfreichen allgemeinen Trail-Tipps am Anfang des Buches folgen in verschiedenen Gangarten zu überreitende Stangenhindernisse, Steuerungshindernisse jeder Art, Schreckhindernisse sowie diverse andere Hindernisse. Mit Skizzen aus der Reiterperspektive wird bei den zu reitenden Manövern gut verständlich erklärt, wie Fehler vermieden und die Hindernisse trainiert werden können, um sie problemlos zu bewältigen. Der Reiter wird dort abgeholt, wo er mit seinem Pferd trainingsmäßig steht und kann sich und sein Pferd so optimal steigern.

Im Slalom über Stangen

Einfädeln zwischen Stangen

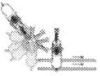

Der Fächer

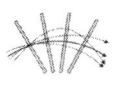

100 Übungen für Westernreiter – Band I

Hubertus Ott
108 Seiten – mehr als 100 Graphiken – ISBN 978-3-9809141-2-3
Buffalo Verlag, Verden, 5. Auflage 2019 – 19,90 €

Die Übungen dieses Buches sind in aufsteigendem Schwierigkeitsgrad geordnet, um das Training methodisch organisieren zu können. Klar und verständlich werden die Übungen anhand von Graphiken erklärt, so dass jeder seine Trainingsarbeit abwechslungsreich gestalten kann. Zusätzlich zu Übungen zur Rittigkeit (Übergänge, Gymnastizierung usw.) sind auch allgemeine Horsemanship- und Trailaufgaben enthalten sowie für das Westernreitabzeichen in Bronze Horsemanship- und Geländeaufgaben.

100 Übungen für Westernreiter – Band II

Hubertus Ott und Philipp Martin Haug
144 Seiten – ca. 150 Graphiken – ISBN 978-3-9809141-9-2
Buffalo Verlag, Verden, 4. Auflage 2021 – 19,90 €

Die Übungen dieses zweiten Bandes, die wie in Band I aus der Praxis entstanden sind, richten sich mit ihren anspruchsvolleren Lektionen an den bereits fortgeschrittenen Westernreiter. Sie geben wertvolle Tipps zum Ausbildungs- und Trainingskonzept für das tägliche Training. Hauptthemen sind Übungen zur Gymnastizierung, Galopparbeit, zu fliegenden Wechseln, Stopps und Spins.

100 Übungen für Freizeit- und Turnierreiter

Aus der Praxis für die Praxis – Hubertus Ott und Ute Tietje
128 Seiten – ca. 150 Grafiken – ISBN 978-3-98113009-0-1
Buffalo Verlag, Verden, 5. Auflage 2020 – 19,90 €

Auch im klassischen Reitsport ebnet nur stetes Training den Weg zu entspannten Ausritten und zu guter Leistung im Turniersport. Kreative Übungen erhalten die Aufmerksamkeit des Pferdes und motivieren es zur Mitarbeit. Ziel ist es, durch inspirierende Übungen für individuelles Training ohne Langeweile für Pferd und Reiter Korrektheit und Gelassenheit bei der Aufgabenbewältigung zu erreichen.

Lexikon Westernreiten

Praxiswissen von A – Z – Ute Tietje
180 Seiten – weit über 100 Grafiken - ISBN 978-3-9468604-9-5
Buffalo Verlag, Verden, 2. aktualisierte Auflage 2019 – 19,90 €

Aktuelles Wissen rund um den Westernreitsport für Turnier- oder Freizeitreiter ergänzt durch zahlreiche Fotos und Grafiken. Mit mehr als 1.500 Begriffen von „A" wie Appaloosa bis „Z" wie Zero Score und seinen zahlreichen Querverweisen rund um den Westernreitsport lässt dieses Werk keine Frage offen.

Weitere Informationen finden Sie hier:

www.buffalo-verlag.de

Kochbücher und mehr aus dem Buffalo Verlag

Die Autorin und Journalistin Ute Tietje, eine begeisterte Fotografin und langjährige erfolgreiche Westerntrainern, bereiste seit 1991 bis heute für ihre verschiedenen Bücher und Artikel in Magazinen teilweise mehrmals im Jahr den nordamerikanischen Kontinent. Insbesondere den Südwesten der USA und die Plains. Sie verbrachte zudem einen großen Teil des Jahres 2007 in Kanada.

Auf diesen Touren erhielt sie bei unzähligen Kontakten und Einladungen der gastfreundlichen Bevölkerung auf Ranches, bei den Nachfahren der Ranch- und Trailköche, in kleinen familiengeführten Restaurants oder auch bei Indianern auf Powwows und anderen Begegnungen, die häufig noch aus Pionierzeiten überlieferten Rezepte.

Die Recherche für alle Bücher der Autorin erfolgt immer vor Ort. So gehörten im Hinblick auf weitere Werke – darunter auch Belletristik – seit 1999 auch Andalusien sowie weltweit viele andere Regionen zu ihren Reisezielen.

Cowboy- und Ranchküche – Ute Tietje

Cowboy- und Ranchküche des mittleren Südwestens
208 Seiten – ISBN 978-3-9468600-3-7
Buffalo Verlag, Verden 2020 – 22,90 €

Die Cowboy-, Ranch- und Chuck Wagon-Küche hat viele Facetten, je nachdem, wo, wann und für wen welches Gericht zubereitet wurde. Außer zu bestimmten Anlässen, zu denen es teilweise recht arbeits- und zeitaufwändige Gerichte gab, überwog eine dem Alltag angepasste, unkomplizierte Küche. Die zumeist mehr als 100 Jahre alten Rezepte wurden von Cowboys, Ranch-Köchen, Rancherfrauen und den ersten Restaurantbesitzern der damaligen Zeit an ihre Nachkommen weitergegeben. Das Kochbuch ist eine kulinarische Reise in die Vergangenheit von Texas, Oklahoma und New Mexiko, deren Geschichte und Besiedlung sehr unterschiedlich verlief.

Indianische Küche des Südwestens und der Plains
Ute Tietje – 188 Seiten – ISBN 978-3-9468-600-6-8
Buffalo Verlag, Verden 2023 – 22,90 €

Trotz ihrer leidvollen Vertreibungsgeschichte, verbunden mit dem Verbot ihrer Sprache und Kultur, haben die Indianer diese teilweise bewahren können und pflegen sie heute wieder mit Stolz. Zu ihrer Kultur gehören die traditionellen Gerichte ihrer Vorfahren, die noch heute sowohl zuhause als auch auf Familienfeiern und insbesondere auf Powwows zubereitet werden. Die Zubereitung der Mahlzeiten, die auf mündlichen Überlieferungen innerhalb der Indianerfamilien und Stämme beruht, ist einfach und phantasievoll.

Texas-BBQ – Ute Tietje

Grillen wie die Rancher und Cowboys
112 Seiten – ISBN 978-3-946860-40-2
Buffalo Verlag, Verden – 4. Auflage 2018 – 12,90 €

BBQ hat in Texas Tradition und wird ganzjährig zu vielen Gelegenheiten mit verschiedenen Grillmethoden zelebriert. Neben dem Hauptgrillgut bietet dieses Kochbuch nicht nur hundert Jahre alte Rezepte für Rubs, Marinaden und BBQ-Saucen, sondern auch die beliebten Beilagen und Getränke, ohne die ein zünftiges Texas-BBQ nicht denkbar ist.

Kanadische Küche – Ute Tietje

Kulinarisches Erbe der Pioniere und Indianer Ontarios

112 Seiten – ISBN 978-3-9809141-5-4

Buffalo Verlag, Verden – 3. Auflage 2018 – 12,90 €

Bodenständig, naturnah und gesund präsentiert sich die Küche Ontarios. Mussten die britischen und französischen Pioniere in den Anfängen ihre Essgewohnheiten zunächst noch dem einfachen Leben in der Wildnis anpassen, entwickelte sich allmählich aus den Gerichten der indianischen Ureinwohner und Einwanderer eine vielfältige Küche. Viele Gerichte können statt am heimischen Herd auch auf oder in einem Grill, im Dutch Oven oder zum Teil am Lagerfeuer zubereitet werden.

Nordamerika vegetarisch – Ute Tietje

Kulinarisches Erbe der Pioniere und Indianer

112 Seiten – ISBN 978-3-946860-43-3

Buffalo Verlag, Verden – 2. Auflage 2018 – 12,90 €

Die Einwanderer aus der Alten Welt mussten ihre Essgewohnheiten den harten Bedingungen des neuen Kontinents anpassen und auch bei den Indianern waren vegetarische Gerichte verbreiteter, als man annehmen möchte; selbst bei den nomadischen Jägerstämmen. Vielfältig und naturnah zeigen sich die überlieferten Rezepte aus der Küche der Pioniere und Indianer – vom Frühstück bis zur Nachspeise –, nach denen ihre Nachkommen noch heute die Mahlzeiten zubereiten.

Camping-Kochbuch – Ute Tietje

210 leckere Rezepte schnell und einfach zubereiten

160 Seiten – 190 Farbbilder – 13 Tabellen – ISBN 978-3-9468600-0-6

Buffalo Verlag, Verden 2019 – 19,90 €

Ob mit dem Zelt, Mini-Camper oder Wohnwagen unterwegs – in diesem Rezeptbuch ist für jeden Outdoor-Fan etwas dabei. Die altbewährten Rezepte aus der Küche der Pioniere und Indianer Nordamerikas eignen sich perfekt für das Kochen in der freien Natur. Vom leckeren Frühstück über den Eintopf, Gegrilltem mit vielfältigen Beilagen bis hin zu köstlichen Kuchen aus der Pfanne für zwischendurch ist alles zu finden. Schnell und frisch mit einfach zu beschaffenden Zutaten zubereitet, ohne viel Firlefanz und trotzdem abwechslungsreich.

Lobo – Ute Tietje

Die Lebensgeschichte eines spanischen Strandhundes

52 Seiten – gebunden – mit Farbfotos aus Lobos Leben

ISBN 978-3-9468601-9-8 – Buffalo Verlag, Verden 2021

Sonderedition nur im Buffalo Verlag 8,90 €

Die wahre Geschichte eines Strandhundes, dessen größter Traum Wirklichkeit wurde.

Lobo, ein Halbwolf, wurde auf der spanischen Meseta geboren und als Welpe ans Mittelmeer gebracht. Sein Leben war oft von Hunger, aber auch Angst geprägt. Bis er das unglaubliche Glück hatte, auf einen Menschen zu treffen, der ihn liebte, mit nach Deutschland nahm und ihn lebenslang zu einem Familienmitglied machte.

Ein Buch für Menschen mit einem Herz für Tiere. Kein Kinderbuch, kann aber mit Kindern ab 10 Jahren begleitend gelesen werden.

Butterfly's Vision
Western Art Gallery

Bilder und Kunsthandwerk aus dem Südwesten der USA
Auf der Höhe 10 · 27283 Verden · Tel. 04230-9540781

Geschenke-Shop der Country- und Westernszene seit 2001

In der ersten Western Art Gallery Deutschlands finden Sie Bilder von bekannten Western Art Künstlern aus den USA, deren Originale teilweise in bedeutenden Museen der USA ausgestellt sind. Das kunsthandwerkliche Angebot der Galerie bietet viele Gegenstände mit Western-motiven, indianischen Motiven, Bisons, Wölfen, Pferden und anderem.

Windlichter, Teelichter, Wandhaken, Visitenkartenhalter, Glas und Keramik und vieles mehr steht bereit, um Ihr Heim zu verschönern.

Werke von Charles Russell, Frederic Remington, Orren Mixer, Tim Cox, Jody Bergsma, Oscar Berningham, Larry Fanning, Milton Lewis, und vieler anderer, sowie auch in Deutschland nicht so bekannter indianischer Künstler, sind als Print oder mit Passepartout versehen oder auch als gerahmtes Bild vorrätig.

Pferde- und Wolfsliebhaber sowie die Freunde des amerikanischen Bisons haben eine reichhaltige Auswahl in den verschiedensten Bildgrößen. Bilder aus dem Leben und der Arbeit der Cowboys, der Geschichte des Landes und insbesondere Bilder aus dem Leben und der Mythologie der Indianer, aber auch die Darstellung landschaftlicher Schönheit. Und „last not least" gehört auch Southwestern Art zum Spektrum der Galerie.

Nicht nur der private Liebhaber, sondern auch Besitzer von Saloons, Reiter-stuben oder Restaurants mit Westernflair sind begeistert über die Vielfalt des Angebots.

Wir haben etwa 300 Prints verschiedener Größen, Prints im Passepartout fertig für ihren eigenen Rahmen und gerahmte Bilder in Größen von 13 x 18 bis 60 x 80 cm vorrätig. Viele der Bilder und kunsthandwerklichen Objekte sind Einzelstücke.

Stöbern Sie gemütlich zuhause in unserem Web-Shop. Falls Sie Fragen haben, können Sie uns gerne kontaktieren. Sollten Sie die Objekte in natura sehen wollen, ist das nach telefonischer oder anderweitiger Terminabsprache selbstverständlich möglich.

www.butterflysvision.de